길 없는 길

머리말

저녁노을 아래서
삶을 되돌아본다.

'너는 누구냐? 무얼 하며 어떻게 살았느냐?'라고 물으면 기억나는 것이 별로 없어서 대답할 말이 없을 것 같다. 인생의 가을을 살면서 자신이 어떻게 살았는지도 잘 모르고 있다. 그저 힘없는 민초로 지극히 평범하게 살았다는 사실을 알뿐이다. 그래도 그 삶 속에 국가의 대 전환기가 여러 차례 끼어있었다. 유아기에 일제로부터의 해방을 경험했다. 동족상잔의 비극인 6. 25 동란의 피난 대열에 끼어 어린 시절을 보내며 잠시 김일성의 인민공화국 인민으로 살아보기도 했다. 독재에 항거하여 4.19 혁명의 대열에 끼어 대통령 하야를 부르짖기도 했다. 그리고 군사독재 시절에는 울분을 누르며 젊음을 보냈다. 격동과 혼란의 시기를 극복하고 선진국 대열에 들어선 부유한 나라에서 자유를 누리며 평화롭게 맑은 가을 하늘을 즐기고 있다.

사 년 전부터 복지관 문예창작반 강의를 수강하고 있다. 훌륭한 문학작품을 감상하면서 지난 삶을 되돌아볼 기회를 갖게 되니 가난했던 그 시절의 정과 사랑이 울컥울컥 그리움으로 밀려들기도 한다. 이를 계기로 길다면 긴 세월을 살아온 나의 생각과 느낌 그리고 내가 살았던 시대의 모습을 되돌려 보게 되었다. 우리의 삶이 풀잎 위에 맺힌 이슬과 같은 존재라곤 해도 흔적이라도 남기는 것이 이 세상을 살다 떠나는 한 사람의 최소한의 예의라는 생각이 들었다. 뒤늦은 감이 있지만 적어보기 시작했다. 두서없이 잡기장에 적은 글을 모았다. 글을 잘 쓰진 못해도 솔직한 삶의 모습을 담고 싶었다.

걸어온 길이 꽃길만은 아니었다. 그 길은 두렵고 힘들고 괴로워서 아픈 흉터도 남겼고, 아름답고 가슴 뭉클한 추억의 옹이가 되기도 했다. 그 길을 뒤돌아보며 두서도 모양도 갖추지 못한 투박한 글로 엮어보았다. 그 속에 내가 살았던 시대의 희로애락과 시대상이 조금은 담겨있지 않을까 한다.

이런 귀중한 생의 마지막을 정리하는 시기인데 중국 후안에서 발원한 코로나 19라는 전염병의 대유행으로 온 나라뿐 아니라 전 세계가 공포와 혼란 속에 빠져들고 있다. 코로나 바이러스의 소용

돌이 속에서 마음이 조급했는지 모른다. 얼마 되지 않는 글을 모아 서둘러 책을 내기로 한 것이다.

    글을 쓸 수 있도록 가르침을 주신 수필가 이오순 선생님과 책을 출판할 수 있도록 용기를 주시고 후원해 주신 국보문학 임수홍 이사장님께 진심으로 감사의 마음을 드린다.

2020년 12월 김 규

축사

행복한 가정의 디딤돌인 아름다운 노년!

임수홍
주간 한국문학신문 · 월간 국보문학 발행인

가을의 막바지 언덕을 넘어 겨울의 초입에 들어섰다.

코로나 19 때문에 개인의 일상이 무너지고 국가의 정책마저 흔들리는 요즘, 우리나라를 온몸으로 살았던 김 규 수필가의 첫 번째 수필집 『길 없는 길』이 세상에 첫 선을 보인다.

지난 100여년을 뒤돌아보면 슬픔과 아픔 그리고 배고픔의 터널을 지나 처절한 이념의 투쟁에 이어 잘살아보자는 구호 아래 모두가 힘을 합쳐 지금은 세계 10위권의 경제대국으로 발돋움하였다.

『길 없는 길』은 그 긴 세월을 보낸 김 규 선생의 생생한 육필 원고이다. 어떤 때는 이정표가 없어 길을 가면서도 어디로 가고 있는지 도무지 알 수 없는 길을 걷기도 했을 것이다. 그럼에도 행복한 가정의 디딤돌이 되어 행복한 노년을 보내는 모습에 박수를 보내고 싶다.

김 규 선생은 이제 팔순이다. 가르침의 즐거움을 누리다가 노년에 배우는 기쁨을 누리면서 삶의 양면을 다 느껴보는 제3의 인생의 서막을 당당하게 노래하고 있다.

『길 없는 길』은 제1부 고향의 느티나무, 제2부 배우는 기쁨과 가르치는 즐거움, 제3부 내가 받은 가장 큰 선물 3부로 이루어져 있다. 치열하게 산 세대답게 우리나라의 역사를 이야기하면서 절대 잊지 말고 가슴에 새기면서 내일을 준비하자고 당부한다.

수필집은 한 사람의 인생을 담은 자서전이라 할 만큼 소중하기에 독자 여러분들에게 읽기를 꼭 권하고 싶다.

| 차례 |

머리말_ 저녁노을 아래서 삶을 되돌아본다   • 2
축 사_ 임수홍 주간 한국문학신문 · 월간 국보문학 발행인   • 5

제1부   고향의 느티나무

고향의 느티나무   • 12
콩나물   • 17
황혼의 동행同行   • 22
작은 일속에 숨은 행복   • 27
삼십 오년 전 사고 현장을 찾아   • 32
기억속의 고향   • 39
변덕스러운 등산   • 43
무엇이라도 드리고 싶은 분   • 48
안면도를 가다   • 54
경로당 어르신들   • 58
우리 할머니   • 63
가을 운동회   • 67
이국적인 마을 법원리를 찾아서   • 72

| 차 례 |

제2부　배우는 기쁨 가르치는 즐거움

배우는 기쁨 가르치는 즐거움　•82

프로크루스테스의 침대　•88

우둔한 시인　•93

애동지兒冬至　•98

묵논　•103

시인의 부끄러움 충신의 부끄러움　•108

미국과 캐나다 연수를 마치고　•113

백로는 개구리를 좋아한다.　•124

부자 되세요!　•129

성묘를 다녀오며　•134

기氣와 풍수風水　•140

우연인지 필연인지　•145

화냥년과 후레자식을 아십니까?　•150

제3부   내가 받은 가장 큰 선물

내가 받은 가장 큰 선물　　• 156

가을을 살면서　　• 161

지극히 작은 것에 대한 관심　　• 165

변해가는 삶의 모습　　• 169

잔털　　• 173

사랑의 풍속도　　• 178

미안하다. 해피야!　　• 183

해방의 산고産苦　　• 190

나의 버킷리스트　　• 196

길 없는 길　　• 200

고통 뒤에 가려진 어머니 사랑　　• 206

행복의 문　　• 211

자연인으로 살고 싶다　　• 216

제1부
고향의 느티나무

이 느티나무는 사백 년 가까이 살아오면서 나의 아버지와 할아버지 그리고 그 선조들에게 여름이면 시원한 그늘을 만들어 쉬도록 따뜻한 품을 내어주었다. 철 따라 화려한 색깔의 옷을 갈아입으며 주변에서 여가를 즐기고 있는 이들에게 위로와 기쁨을 주었다.

고향의 느티나무

　추석을 맞아 성묘하러 가는 길이다. 중부 내륙고속도로 괴산 톨게이트로 빠져나와 주월산 느릅재를 넘어야 한다. 꼬불꼬불 몇 굽이를 돌아 넘어야 했던 험한 느릅재인데 지금은 터널이 뚫려 굴속으로 몇 분만 달리면 재 넘어 광지실에 이른다. 고향 길은 줄었지만 느릅재 굽이굽이 돌아 넘으며 고향 산천의 아름다운 경관을 감상하는 즐거움을 잃은 것 또한 큰 아쉬움이다. 광지실에서 작은 고개를 넘어 조금 더 가다 우회전하여 150미터쯤 가면 강변에 주차장이 있고 강 건너편에는 임진왜란 때 진주에서 적군을 크게 무찌르고 장렬히 전사한 충무공 김시민 장군의 묘역인 충민사가 있다. 충민사 울타리 뒤편에 있는 작은 산이 부모님이 계시는 선산이다. 다리를 건너 선산에 올라 부모님께 인사를 드리고 산소를 둘러본 후 주차장으로 돌아왔다. 다시 괴산 읍내 쪽으로 2킬로미터 정도를 더 가면 고향 마을이다. 지금은 성불산 자연휴양림으로 잘 알려진 마을이기도 하다. 차 한 대가 겨우 통행할만한 좁은 마을길로 들어섰다. 돌담은 무너져 여기저기 돌무덤을 이루며 흩어져있고 무너져 내린 빈집들에는 이름 모를 풀들이 무성했다. 사이사이에 벽돌과 패널로 지은 예쁜 집들이 마을을 현대식으로 바꾸어가고 있었다.

삼십여 가구가 머리를 잇대어 늘어서 있던 마을이었다. 집집마다 돌을 쌓아 담장을 두르고 야트막한 초가집들은 포근하고 아늑한 느낌을 주었다. 여름을 지나 추석 무렵이 되면 누런 늙은 호박들을 매달은 호박 넝쿨이 돌담 위를 힘겹게 기어가고 초가지붕 위에는 하얀 꽃과 함께 그릇으로 쓰일 박들이 올망졸망 열려 있어 보는 이의 마음을 맑고 따뜻하게 해주는 그런 마을이었다. 내가 살던 초가집에는 안마당을 나오면 바깥마당이 있었고 바깥마당을 나서면 마을길이 있었다. 길 옆에는 나이가 삼백 년도 더 되었다는 느티나무 한그루가 서 있다. 느티나무 옆에는 작은 냇물이 흐르고 있다. 여름이면 동네 사람들은 어른 아이 할 것 없이 느티나무 밑에 모였다. 나무 밑 평평하고 널찍한 자리에 멍석을 깔면 바로 어르신들의 쉼터다. 거적을 깔고 누워 오수를 즐기는 사람, 장기를 두는 사람, 농기구 손질을 하는 사람도 있다. 아이들은 느티나무에 올라가 매미도 잡고 큰 가지 위를 걸어 다니기도 하고 끝가지를 잡고 뛰어내리기도 하며 신바람이 난다. 그곳은 즐거움과 평화가 흐르는 무릉도원이었다.

그토록 넉넉하고 포근하게 우리를 품어주고 편안한 쉼터를 제공해주던 느티나무가 칠십여 년이 지난 지금은 옛 모습이 아니다. 상처투성이가 된 채 곳곳을 시멘트로 깁스를 하고 윗부분은 삭정이가 되어 뼈대를 드러내고 있다. 팔을 벌리듯 뻗어있는 굵은 가지는 쇠 파이프로 떠받혀 부러져 내리지 않도록 보호를 받고 있다. 그래도 수목 보호사의 관리를 받고 있다는 것이 천만다행이었다. 미세한 틈도 내주지 않고 철저히도 지켜주던 차양막은 찢기어져 엉성한 나뭇잎 사이로 곳곳에 햇볕이 쏟아져 내리고 부러진 삭정이며 썩은 나뭇잎들만이 뒹굴고 있었다. 어느 시골을 가더라도 비슷한 현상이지만 여름이 되어도 나무 그늘에서 오수를 즐기고 땀을 식히는 이도 나무 위에서 매미를 잡는 아이도 구경을 할 수가 없다. 나무도 사랑받지 못하고 함께 놀아줄 이 없으니 쉬 늙는가 보다. 홀로 외롭고 쓸쓸한 노후를 보내고 있다는 생각을 하니 서글픈 마음이 들었다.

해마다 명절 때가 되면 고향마을을 찾아 고향 정취에 젖어보고 친지들을 만나기도 한다. 올해에도 고향을 찾아 느티나무 아래 서

있다. 시끌시끌하던 마을은 인기척이 들리질 않는다. 고요가 흐르고 허전함이 느껴진다. 늙고 병들어 상처투성이가 된 느티나무 아래 놓인 벤치에 앉았다. 그리고 나무처럼 늙어버린 내 모습을 그려보았다. 고목이 되어가는 느티나무처럼 얼굴에는 검버섯이 덮이고 벗어진 머리에는 엉성한 흰 머리카락이 바람에 날린다. 그래도 이 느티나무는 사백 년 가까이 살아오면서 나의 아버지와 할아버지 그리고 그 선조들에게 여름이면 시원한 그늘을 만들어 쉬도록 따뜻한 품을 내어 주었다. 철 따라 화려한 색깔의 옷을 갈아입으며 주변에서 여가를 즐기고 있는 이들에게 위로와 기쁨을 주었다.

나는 이제 팔십을 바라보는 나이가 되었다. 그 긴 세월을 살면서 내 이웃을 위해 무엇 하나 해준 일이 없다는 생각을 하니 부끄러운 마음이 든다. 나의 욕심만을 채우려고 발버둥 치며 어리석게 살아온 것이다. 이 나무보다 훨씬 어리지만 같은 모습으로 늙어가면서 너무도 초라한 몰골로 그의 발치에 앉아있다. 허무함이 내 몸을 감싸고 흐른다. 가을 단풍답지 않은 바랜 잎들이 내 주위에 하나 둘 떨어져 내린다.

내 머릿속 초가집 이곳저곳에선 저녁을 짓는 모양이다. 파아란 빛깔의 맑은 연기가 굴뚝을 삐져나와 하늘로 피어오른다. 아침이면 일어나 세수도 하고 물장구치던 길 옆 냇물, 깨끗한 돌 무리 위로는 수정같이 맑은 물이 흐르고 인기척을 들은 가제들이 황급히 뒷걸음질 치는 모습이 눈에 선하다.

콩나물

'아, 시원하다.' 어제 마신 술로 속이 쓰려오는데 사천 원짜리 콩나물해장국이 이렇게 시원할 수가 없다.

'나이 생각은 하지 않고 그렇게 많이 퍼 마시더니 속은 괜찮은가요?'라는 아내의 말에 '응 괜찮아.' 말은 그렇게 했지만 쓰린 속 풀어달랄 염치도 없고 해서 슬그머니 나와서 콩나물 국밥집엘 들른 것이다.

서울에서 자취를 할 때였다. 생활이 넉넉지 못한 때라 겨우 누워 잠을 잘만한 단칸방에 부엌은 없고 연탄아궁이만 있는 자취방이었다. 이때에 반찬이라는 것이 콩나물 된장찌개 아니면 콩나물국이었다. 구멍가게에서 전차 요금의 반도 안 되는 돈이면 국을 끓여먹을 수 있는 콩나물을 한 봉지 가득히 살 수 있었다. 된장찌개나 국의 건더기는 콩나물이었다. 콩나물은 반찬을 만드는 가장 값이 싼

재료이며 조리가 간편하다. 맹물에 콩나물을 넣고 된장이나 소금으로 간을 맞춘 다음 잘 끓여 고춧가루를 조금 넣으면 얼큰하고 시원한 국이 된다. 또한 맛의 변화가 없이 시원하고 담백하며 질리질 않는 훌륭하고 고마운 반찬이었다.

내가 어렸을 때만 해도 콩나물은 집안의 중요한 찬거리였다. 채소를 구경하지 못하는 겨울철이나 제사와 같은 큰일이 있을 때에는 어김없이 콩나물시루가 윗목 한 구석을 차지하였다. 자배기를 놓고 그 위에 쳇다리를 놓고 쳇다리 위에는 시루를 앉힌다. 시루 밑에는 성근 보를 깔고 불린 기름콩(콩나물콩)을 적당히 도톰하게 깔고 두꺼운 보로 시루를 덮는다. 그리고 매일 서너 번 정도 물을 주면 5-6일 후에는 머리는 샛노랗고 몸통이 통통하며 잘 **빠진**, 그리고 다리에는 털이 송송 난 싱싱한 콩나물을 뽑아 먹을 수 있다. 겨울철에 두부를 종종 썰어 넣고 끓인 김치 콩나물국이나 콩나물을 삶아서 참기름과 온갖 양념을 넣어 만드는 콩나물무침을 먹어보지 못한 어른은 아마도 없을 것이다. 어렸을 때 나는 뽑아내고 또 뽑아내어도 콩나물은 계속 자라나는 것이 참으로 신기하다고 생각했었다.

콩나물은 값싼 서민의 찬거리이면서도 갖가지 별미의 음식에 **빠**

져서 안 되는 약방의 감초 같은 식재료이다. 국을 비롯해서 조림, 찜, 볶음, 무침, 전골 등 그 어디에 갖다 넣어도 궁합이 잘 맞고 입맛을 돋우어 준다. 세상의 술꾼들에게 숙취해소의 명약으로 첫째가는 해장국도 콩나물해장국이다. 콩나물 하면 빼놓을 수 없는 음식이 또 있으니 바로 아귀찜이다. 볼품없는 아귀가 어둠 속에서 수행한 성녀 콩나물을 만나지 않았다면 아귀찜과 같은 선식을 탄생시키지는 못했을 것이니 말이다. 미녀와 야수의 만남이라고나 할까.

콩나물밥은 어떤가? 많은 재료가 필요 없다. 밥솥에 씻은 쌀을 넣고 물은 평소보다 훨씬 적게 붓는다. 쌀 위에 다듬은 콩나물을 얹어서 고슬고슬하게 콩나물밥을 짓는다. 콩나물과 밥을 잘 섞어 대접에 푸는 것이 좋다. 갖은양념을 넣은 간장에 참기름을 몇 방울 떨어뜨리면 훌륭한 반찬이 된다. 대접에 푼 밥을 이 양념간장에 비벼 먹으면 떨어진 입맛도 다시 솟아난다. 그 깔끔한 맛은 진수성찬이 부럽지 않다. 그의 자람이 수행의 삶이어서일까 콩나물밥은 선계에서나 맛볼 수 있는 그런 신선함이 느껴지는 음식이라는 생각이 든다.

전해져 내려오는 이야기 중에 '콩나물죽 십 년 먹으면 부자 된다'는 이야기가 있는 것을 보면 콩나물은 아주 옛날에도 값싼 반찬거리였던 것 같다. 이렇듯 콩나물은 오래전 우리의 조상 때부터 우리의 식탁에 올라 계층에 관계없이 모든 이들의 입을 즐겁게 해 주었다. 콩나물은 하루에 서너 번씩 뿌려주는 물로 몸을 씻고 그물로 목을 축이며 힘겹게 자라면서 어떻게 그 통통하고 잘 빠진 몸매를 만드는 것일까? 콩나물은 속세를 등지고 칠흑의 어둠 속에서 흐르는 물에 입술을 적시는 고행을 하며 말없이 정진 수행을 한다. 어느 수도사가 이보다 더 힘들고 착한 수도를 할 수 있으며, 어느 성인이 이보다 더 아름다운 자비를 베풀 수 있을까? 어느 스님이 이보다 더 철저한 자기희생의 공양을 할 수 있을까?

아버지는 약주를 무척 즐겨 드셨다. 약주를 많이 드시는 아버지가 어머니는 미웠을 것이다. 그런데도 사시사철 아랫목에는 술 단지가 담요를 뒤집어쓰고 자리 잡았다. 아버지가 약주를 심하게 드신 다음날이면 어머니는 어김없이 북어를 꺼내다 다듬이에 올려놓고 방망이로 두드렸다. 사실 두드려 패고 싶은 것은 남편이었을지도 모른다. 부드러워진 북어를 뼈는 발라내고 살만 잘게 쪼개어 콩나물과 함께 해장국을 끓인다. 한숨 끓고 나면 계란도 푼다. 아침상에 오른 콩나물 해장국은 술로 뒤집힌 아버지의 속을 시원하게 가라앉혀 주었다. 지금도 이보다 더 좋은 해장국은 없다고 생각한다.

아버지는 오십을 조금 넘기고 퇴직을 하셨다. 당시에는 연금이란 것도 없었다. 졸지에 실업자가 된 아버지는 얼마 안 되는 농사일과 나무를 하여 땔감을 해결하는 등 집안 살림을 도우셨다. 겨울이면 아침 일찍 일어나셔서 군불을 지펴 가마솥에 물을 데워 놓으면 어머니는 아침 준비를 하셨다. 어머니의 지극한 콩나물 해장국으로 빚은 사랑이 아버지를 애처가로 만든 것이 아닐까? 당시로서는 찾아보기 쉽지 않은 가정적인 남편이었다. 아니 콩나물의 살신공양의 심성이 아버지의 삶을 바꾸어놓은 것이라 믿고 싶다. 이렇듯 참 사랑은 정성과 희생 그리고 수행이 있어야 이루어지는 것인 것 같다.

수행의 결정판이며 자신의 몸마저 내어주는 베풂으로 보아 콩나물은 내세에 다시 태어난다면 보살로 태어날 것이 분명하다.

황혼의 동행同行

　찬거리를 사러 마트에 간다는 아내를 따라 쇼핑가방을 메고 집을 나섰다. 길에서 이웃에 사는 서徐 선생을 만났다. 어찌 그리 꼭 붙어 다니느냐며 농을 한다. 언뜻 듣기에 좀 거북한 듯해도 그리 기분 나쁘지 않아 웃으며 지나갔다. 왜 우리는 붙어 다닐까? 젊어서는 서로 좋으니 붙어 다녔을 테고, 늙어서는 서로를 아끼고 걱정이 되어 붙어 다니는 것이 아닐까?

　심장이 약한 나는 많이 걸으라는 의사의 처방에 따라 매일 한 시간 정도의 산책을 하고 있다. 섣달 어느 날 아침 산책을 나서는데 가랑눈이 내리기 시작했다. 눈이 잔바람을 타고 춤을 추다 얼굴에 부딪치면 수줍은 듯 녹아내렸다. 그 차가움이 그리 싫지만은 않았다. 신안1차 아파트 뒤쪽의 산길을 지나 고려 공원묘지 입구인 아스팔트 길로 나왔다. 그 길을 따라 작은 언덕을 넘어 왼쪽으로 긴 고갯길을 오르니 승가대학이 있는 금정산 등산로 입구였다. 왼쪽으로 돌아 공원묘지 옆으로 난 산책로를 따라 고려공원 입구로 내려가기로 했다.

체육관을 지나 산등성이에 올라서니 내리막 산길을 눈이 하얗게 덮고 있었다. 좁은 비탈길을 반쯤 내려왔을 때였다. 얼음이 언 길 위에 눈이 덮인 것을 모르고 잘못 디뎌 미끄러지면서 엉덩방아를 찧었다. 몸은 언 땅에서 튕겨져 길옆 2m가량 되는 높이의 축대 아래로 굴러 떨어졌다. 순식간에 벌어진 일이었다. 참으로 다행인 것은 축대 아래가 비석도 상석도 없는 빈 묘지였다. 몸을 일으키려고 하는데 오른쪽 엉덩이뼈가 아파서 조금도 움직일 수가 없었다. 엉덩방아를 찧을 때 엉치뼈 어딘가에 문제가 생긴 것 같았다. 엎친데 덮친다고 놀랜 아내는 급히 아래로 내려오다 발목을 접질렸다. 아내는 119 구급차를 부르고 근처에서 막대기를 주어 짚고 다리를 끌며 언덕 넘어 체육관 앞 공터로 올라가 기다렸다. 내리는 눈을 맞으며 꼼짝 못 하고 묏자리에 누워 있는데 공원의 모든 영혼들이 '어찌 그리 경망스러우냐!'며 비웃기라도 하는 듯 내게 시선을 쏟아붓고 있는 느낌이었다. 오래지 않아 구급대원들이 도착하고 들것에 들려 구급차로 옮겨져 병원으로 실려 갔다.

나는 엑스레이 촬영을 한 후 병실로 옮겨졌고, 아내는 응급처치를 하고 발목에 깁스를 한 후 옆 병실에 입원을 했다. 몇 시간 후 의사가 병실에 들러서 다행히 골절은 되지 않았는데 고관절의 연골이 상해서 다리를 고정시켜놓고 치료를 받아야 한다는 것이다. 무릎뼈를 뚫어 쇠막대를 끼우고 막대 양쪽을 줄로 걸어 다리를 침상에 설치한 쇠기둥에 매달았다. 그런 상태로 2개월간 치료를 받았다. 꼼짝달싹 못하고 누워있어야만 했다. 움직이면 느끼는 통증도 심각했지만 더욱 괴로운 것은 대소변을 누운 채로 받아내야 하는 일이었다. 그래도 작은아들이 멀리 떨어져 살면서도 주말이면 찾아와 태블릿 피시에 판타지 TV 시리즈인 왕좌의 게임을 연속으로 넣어주어 아픔과 지루함을 견디는데 큰 도움이 되었다. 고통과 치욕의 2개월이 지나자 관절의 통증이 가라앉았다. 매어단 다리를 풀고 움직일 수는 있게 되었다. 그런데 어지러워 몸을 일으켜 세울 수가 없었다. 부축을 받으며 휠체어를 타고 일주일간의 재활치료를 받고서야 퇴원을 할 수 있었다.

낙상사고로 고생을 한 후에는 산길을 걷기엔 힘이 들고 관절에 부담을 줄 것 같아 앞동산이나 마을길을 걷는데, 일주일이면 한두 번은 장릉 안의 산책로를 걷는다. 장릉 산책로는 아름드리 갈참나무 숲 속의 길로 경관이 수려하다. 길의 폭이 넓고 평탄하여 계절에 관계없이 노인이나 몸이 불편한 이들이 걷기에는 더없이 좋은 곳이다. 능원陵園을 조금 지나면 왼쪽으로 낙락장송들이 마치 집단체조를 하듯 무리 지어 하늘을 향해 기개를 뽐내고 있다. 언덕이랄 것도 없는 둔덕을 돌아 넘으면 작은 호수가 있어 봄이면 알가리 하는 금빛 잉어들이 가장자리 수초 사이에서 자리를 잡느라 황금비늘을 반짝이며 분주하고, 원앙은 쌍을 이루어 연잎 사이에서 알 품기를 위한 사랑의 술래잡기를 한다. 여름이면 재실 옆 연지蓮池에 피어나는 연꽃의 우아한 자태는 지나는 이들의 발길을 잠시 머물게 한다. 때로는 한 바퀴를 돌기도 하고 기운이 좀 있으면 두 바퀴를 돌기도 한다.

장릉 안의 산책로를 걷다 보면 남편이 아내를, 아내가 남편을 휠체어에 태우고 밀고 다니는 모습이 아주 가끔 눈에 뜨인다. 또 때로는 말끔하게 차려입은 노부부가 다정히 손을 잡고 걷는 모습도 볼 수 있다. 자세히 살펴보면 한쪽이 혼자서는 걷기가 좀 불편하여 손을 잡고 부축하고 있는 것임을 알 수 있다. 그들의 모습은 아기처럼 해맑고 천진해 보인다. 그들의 걸음걸이에선 따뜻한 평화의 기운이 흐르고 행복의 향기가 은은히 풍겨 나온다. 서로를 미덥고 소중히 여기며 사랑하기 때문일 것이다. 힘겹게 살아온 삶의 여정旅程이었다. 사랑하는 부부가 손을 잡고 한가로이 냇가나 숲 속의 오솔길을, 혹은 바닷가를 거닐며 사랑을 속삭일 시간적 금전적 여유도 없었다. 이제 겨우 짐을 내려놓고 편하게 한가로이 쉬어보려니 몸이 말을 듣지 않는다. 서로 부축해주며 붙어 다녀야 한다. 붙어 다니다 보니 사그라지던 사랑의 불씨가 발갛게 피어나는 모양이다. 서로가 헤어질 날이 얼마 남지 않았다는 아쉬움을 느끼며, 저녁 하늘을 붉게 물들인 낙조처럼 아름답지만 애절한 사랑을 나누고 있는 것은 아닐까 하는 생각을 해본다.

심근경색과 낙상을 비롯해서 죽을 고비를 여러 번 겪으며 살아왔다. 그럴 적마다 아내는 병실 침대 밑에서 쪽잠을 자야 했다. 사고를 달고 사니 아내는 내가 혼자 외출하는 것을 꺼려한다. 마음이 놓이질 않는다고 한다. 힘도 없고 볼품도 없는 팔순의 늙은 사내와 늘 동행하겠다고 앞장서는 아내에게 진한 고마움을 느낀다.

※ 장릉(章陵) : 김포시 풍무동에 있는 조선 16대 인조의 아버지 원종과 왕비 인헌왕후의 능

작은 일속에 숨은 행복

퇴직을 하고 몇 년 참으로 매임이 없는 해방된 자연인으로 마음 내키는 대로 살았다. 친구들을 만나 술을 마시며 지난날의 삶을 되새김해 보기도 했다. 낚시가방을 메고 수 십리 떨어진 깊은 산골 저수지에서 밤을 새우며 어둠을 뒤집어쓰고 잠든 산과 물 그리고 밤하늘의 별 속에 녹아들기도 했다. 몸과 마음은 편하기 그지없는데 이상하게도 무엇인가 부족한 듯 허한 느낌이 들기 시작했다. 이러한 허함을 채워주기 위해서였는지 느닷없이 돌봐주어야 할 손녀딸이 탄생하여 아내를 도와 육아를 떠맡게 되었다.

큰 아들은 인천 십정동에 집을 얻어 살면서 서울로 직장을 다니고, 며느리는 도화동 직장으로 출근을 했다. 맞벌이 부부인 데다 직장까지의 거리가 가깝지 않아 손녀딸은 우리 부부가 양육을 하고 아이 부모는 주말이면 내려오곤 했다. 큰 손녀가 유치원 갈 무렵이 되었는데 며느리가 둘째를 분만하였다. 둘째를 낳고부터 아들 내외는 우리가 사는 청주와 인천을 더 자주 오가야 했다. 인천에서 청주까지는 편도 두 시간이 더 걸리는 거리이다. 그러다 아들이 김포시에 아파트를 분양받았다는 소식을 들었다. 우리 부부는 큰아들 내외의 위험한 자식 상봉을 이대로 두고 볼 수가 없어서 아들네 이웃으로 전세를 얻어 이주를 하였다.

어느덧 큰 손녀딸이 대학 2학년이니 퇴직을 하고 거의 20년을 손녀딸 양육을 하며 보낸 셈이다. 내가 조금씩 도와주기는 하지만 아내는 두 아이들 기저귀 갈아주는 일부터 세탁에 우유 먹이는 일까지 참으로 힘든 세월을 보냈다. 고향을 떠나 그렇게 살아온 지도 벌써 십여 년이 훌쩍 넘어버렸다.

때로 고향이 그리울 때도 있고 고향 친구들이 보고 싶을 때도 있었다. 처음부터 내가 아이들 양육을 거절했다면 아들 내외는 힘은 들어도 그런대로 삶을 꾸려왔을 것이다. 그러나 우리 부부는 후회보다 보람을 느낀다. 아이들이 저희 엄마 아빠보다 할머니 할아버지를 더 의지하는 것이 좀 거시기 한 기분이 들기는 한다. 대학 다니는 손녀는 이제 용돈이나 좀 주면 되지만 작은 손녀의 경우에는 여전하다. 학원시간에 맞추어 저녁을 먹여야 하니 여간 신경 쓰이는 일이 아니다. 게다가 일주일이면 며칠간은 등교를 시켜주느라 기사 노릇을 하기도 한다.

그뿐이 아니다. 요즈음 며느리는 늦바람이 났는지 공부를 더 하겠다며 박사 과정을 시작했다고 한다. 저녁 늦게야 퇴근을 하는 것 같아 몇 번 들러보니 집안은 폭격 맞은 전쟁터와 같았다. 좀 도와주어야 할 것 같아 일주일에 사나흘 아들네 집에 가서 봉사활동을 하기로 했다. 아내는 빨래와 청소를, 주방은 내가 맡아 좀 도와주다 보니 며느리는 신이 나서 얼굴에 화색이 돈다. 며느리가 즐거워하니 도와주는 시어머니도 덩달아 좋아서 힘든 줄을 모른다. 그런데 아내와 나는 두 가지 원칙을 세웠다. 첫째는 도와주며 잔소리 안 하기, 둘째는 내가 설거지를 돕는다는 사실은 며느리가 모르게 하기로 한 것이다. 며느리의 자존심을 상하지 않게 하고 가장의 체통도 지키자는 뜻이 담겨있다. 결국 우렁각시는 아내가 되기로 한 셈이다.

아들네 집안일도 도와주면서 내 집안일을 나 몰라라 할 수도 없는 노릇이다. 집에서 밥을 짓는 일은 대부분 내가 맡는다. 같이 사는 여인은 밥할 때가 되면
"여보! 밥해요! 내가 하면 밥물을 잘 못 맞추어 밥맛이 없어요."
라며 능청을 떤다. 나는 아주 밥 잘 짓는 장인匠人이라도 된 기분으

로 의기양양해서 밥을 짓는다. 물론 밥은 쌀 한 컵을 씻어 전기밥솥에 넣은 다음 물 한 컵 반 정도 붓고 백미 버튼만 누르면 끝이다. 그 간단한 방법을 아내가 모를 리 없지만 너스레를 떠는 것이다. 식후 설거지의 경우도 하루에 한두 번 정도는 내가 봉사를 한다. 그러나 반찬 장만하는 일은 내게 기회가 주어지지 않는다. 그 분야는 아내의 자존심인지도 모른다. 나 또한 그 영역은 전혀 침범할 의도가 없다.

가정 일을 많이 도와주지는 못해도 비교적 가정적이라는 소리를 듣는다. 그런 이유로 예나 지금이나 내 나이의 소위 꼰대들은 가장의 체통을 꾸기는 공처가라며 핀잔을 주기도 한다. 하지만 아내가 가끔 하는 '주부들에게도 정년이란 게 있으면 좋겠다.'는 말을 들으면 딱한 마음도 들고, 나이 드니 할 일도 없으면서 아내에게 집안일을 도맡으라면 공평하지도 않아 집안일을 좀 나누어 맡으려고 노력하고 있는 것이다. 그것이 이 시대를 사는 남편들에게 걸맞은 사고와 행동이라는 생각이기도 하다.

처음에는 평생을 부엌에서 벗어나지 못하는 아내와 아들네를 좀 도와주려고 시작한 일이다. 밥을 먹고 설거지를 하면 소화도 잘 되고 씻어서 건조대에 올려놓은 그릇처럼 흐트러진 머릿속도 안개가 걷히듯 맑아진다. 설거지를 한 후에는 아내가 끓여놓은 차를 함께 마시며 담소를 나누니 부부간의 정도 깊어지는 것 같다. 우리 두 내외가 먹는 식사이니 오래 걸리는 일도 아니고 힘들고 하기 싫은 일도 아니다. 오히려 싱크대 앞에 서서 밥을 짓고 설거지를 하는 작은 일속에서 마음이 즐겁고 따뜻함을 느낀다. 아주 조금 집안일을 맡아하는 것이 이렇게 흐뭇하고 행복한 것인 줄을 새삼 경험하고 있는 중이다.

삼십 오년 전
사고 현장을 찾아

　일흔아홉 번째 생일을 맞아 단양으로 여행을 떠났다. 예약한 대명리조트에 짐을 풀었다. 내일은 가곡면 사평리를 들러볼 예정이다. 천구백팔십 년대에 육 년간 살았던 곳이라 가끔 울컥 떠오르곤 하는 추억을 더듬어 보고 싶어서였다. 내가 살 때만 해도 주변의 탄광에서 채탄이 활발히 이루어지던 때라 가곡면 소재지인 이곳 사평리는 활기가 돌고 떠들썩한 마을이었다.

　사평리 앞으로는 강원도에서 발원한 푸르고 깨끗한 남한강 물이 도도히 흐르고 있다. 그 맑고 푸른 강에서 여름이면 낚시와 수영을 즐겼고 겨울이면 꽁꽁 얼어붙은 강에서 스케이트를 타며 추위를 잊곤 했다. 단양 하면 마늘로 유명한데 그 주산지라 할 만큼 마늘농사를 많이 짓는 마을이 가곡면 여천리와 덕천리이다. 면소재지인 사평리에서 여천을 가려면 마을 앞에서 작은 배를 타고 강을 건너 산을 넘어야 했고, 덕천을 가려면 아평리 앞 나루에서 배를 타고 강을 건너야 했다.

장마철에 비라도 많이 내리거나 강원도 쪽에 홍수가 들어 갑자기 물이 불어나면 이 두 마을에서 중학교에 다니는 학생들은 덕천 나루에서 배를 타고 강을 건너서 귀가를 했다. 갑자기 불어난 검붉은 황토물이 요란한 소리와 함께 모든 것을 삼켜버릴 듯이 큰 물결을 일으키며 흘렀다. 무섭게 넘실거리는 강물 위에 아이들을 실은 배가 굽이치는 물결을 따라 기우뚱거리며 강을 건너는 모습을 지켜보노라면 등에서는 식은땀이 흘러내렸다. 충주댐이 건설된 후에는 물이 차올라 강변은 사라지고 호수로 변해 어디가 어디인지 분간조차 할 수가 없게 되었다.

괴산 중·고등학교에서 각각 오 년씩 십 년간 근무를 하고 순환근무규정에 따라 타 지역으로 이동을 해야만 했다. 청주시로 옮기는 것이 순리였는데 나는 오지인 단양군으로 내신을 냈다. 고교와 대학시절에 아버지께서 단양에서 직장을 다니신 적이 있었다. 나는 방학이 되면 단양에서 생활을 했다. 지금은 단양읍 중도리로 옮겼지만 그 당시에는 구 단양 상방리에서 고개를 넘어 북하리 출렁다리를 건너면 단양역이 있었다. 북하리 단양역에서 중앙선을 타고 서울을 오르내리던 학생 시절 생각도 나고, 도시에서 산다는 것이 썩 마음에 내키지도 않아 자식들이 아직 어릴 때 시골에서 살기로 마음을 정했다. 단양군으로 지원을 하였고 발령을 받은 곳은 가곡중학교였다. 가곡은 신 단양에서 고수재를 넘어 영월 방면으로 이 십리(8km) 거리에 있다. 고수재는 일명 비행기 고개라고 부를 정도로 깎아지른 듯한 절벽 위로 난 고갯길로 절벽 아래로는 깊고 푸른 남한강 물이 흐르고 있어 일 차선의 비포장 도로였던 당시에는 강을 내려다보면 현기증이 날 정도였다.

두 칸짜리 방을 얻어 이사를 하였다. 짐을 푸는데 방과 부엌이 너무 좁아서 겨우겨우 짐을 들여놓을 수 있었다. 일 년이 지났을까 고향이 같은 분이 교장으로 부임해왔는데 자기는 건넌방만 쓰면 되니 교장 관사로 이사를 오라는 것이었다. 여러모로 불편은 하겠지만 사는 집이 너무 비좁아서 이사를 하였다. 교장관사를 새로 지은 직후여서 수도시설이 없었다. 물은 백 미터쯤 되는 공동우물에서 물지게로 길어다 먹어야 했다. 그렇게 한 일 년 살다 오지학교에 정부지원으로 교직원 관사가 지어져 그리로 이사를 하였다. 이 년 반 정도의 시간을 지내고야 네 식구가 기거하기에 충분한 방 두 칸에 부엌까지 갖추어진 관사에서 살게 되었다. 수도시설이 갖추어져 물지게도 벗게 되었다.

가곡으로 전근 온 지 4년쯤 되었을 때 괴산에서 살던 집을 팔고 청주시 사창동에 옥탑방까지 방이 네 개인 주택을 전세를 끼고 구입하였다. 신축건물로서 집의 규모가 내 수준에는 좀 과분하다고 느껴질 정도였다. 오 년 근무가 만료되면 부어오던 적금도 만기가 되어 전세금을 빼줄 수 있어 청주시로 이주하는데 별 문제가 없을 것 같았다. 청주로 나가면 출퇴근할 때 승용차를 이용할 생각으로 운전면허를 땄다. 운전면허를 따고 나서 형님이 타다 폐차처분을 하려는 지프차를 빌려다 운전연습을 하였다.

어느 일요일이었다. 작은 아들은 앞좌석에 큰아들은 뒷좌석에 태우고 운전 연습을 나갔다. 사평리에서 차를 몰고 아평리 새밭에서 좌회전하여 대대리 쪽으로 올라가다 차를 돌려 내려왔다. 이번에는 새밭에서 고수재 쪽으로 가려고 좌회전을 하는데 차가 어디에 긁히는 소리가 났다. 무심코 뒤를 돌아다보는데 그사이에 지프차는 좌측 코너에 있는 기와집 벽을 뚫고 들어가 버렸다. 집을 뚫고 들어가면서 서까래 한 개가 내려앉으며 앞 유리창을 뚫고 들어와 나와 작은아들 사이를 지나 큰아들 옆 좌석을 찔렀다. 일 차선 좁은 비포장도로에서 급커브를 돌다 운전미숙으로 좌측 코너의 기와집 지붕에 이어달은 거적 차양이 지프차 지붕을 스쳤고, 좌측으로 핸들을 꺾고 액셀러레이터를 밟은 채 무심코 뒤를 돌아다보는 순간 지프차가 기와집 벽을 뚫고 들어간 것이었다. 눈 깜빡할 사이에 일어난 일이었다. 기와집의 벽은 뚫어지고 지붕 한쪽이 무너져 지프차 위에 내려앉았다. 나는 정신이 몽롱하고 아이들은 울음을 터트렸다. 다행히 그 집안에 사람이 없었고 아이들과 나는 다친 곳 없이 유리창 파편에 몇 군데 상처를 입은 것뿐이었다. 간신히 차문을 열고 아이들을 데리고 무너져 내린 지붕을 헤집고 나왔다. 마을 사람들이 몰려나와 무너져 내려앉은 집 더미에서 기어 나오는 우리들을 보고 죽은 줄 알았는데 살았다며 천운이며 기적이라고 했다.

그때의 그 참담하고 비참했던 사고를 생각하면 지금도 등짝에 진땀이 흐른다. 앞 유리창을 뚫고 들어온 서까래가 사람을 찔렀다면 어찌 되었을까? 생각만 해도 끔찍하고 소름이 돋는다. 그 사고가 있은 후 나는 거의 삼 년 동안 운전대를 잡지 못했다. 또한 사고로 무너진 집 수리비를 물어주느라 청주로 나가지 못하고 가곡중학교에서 일 년 더 연장 근무를 해야 했다.

'범인은 범죄 현장을 다시 찾는다.'고 하는데 나는 여러 차례 단양을 방문한 적이 있지만 삼십오 년 전 두 자식을 잃을 뻔했던 교통사고의 현장은 둘러보지 못했다. 그 끔찍하고 비참했던 사고 당시의 모습과 심정을 떠올리고 싶지 않아서였다. 이제 몇 번이나 더 단양을 찾을 수 있을지 알 수가 없다. 이번에는 용기를 내어 참담했던 교통사고의 현장을 둘러보기로 했다.

다음날 아침을 먹고 만천하 스카이워크에 올라 단양읍과 호수로 바뀐 강과 산을 한눈에 내려다보며 놀랍도록 아름다운 비경에 감탄하였다. 아래로 내려와 강가 절벽에 붙여 만든 단양강 잔도를 통해서 나왔다. 그리고 나서 차를 몰고 고수대교를 건너 2차선으로 잘 닦여진 고수재를 넘어 가곡면소재지인 사평리로 갔다. 오늘 와서 보니 옛 마을의 모습은 그 어디에서도 찾아볼 수가 없었다. 1990년 큰 홍수로 물난리를 겪은 후 옛 마을 위쪽으로 옮겨 새로이 아담하게 꾸며진 마을은 조용했다. 많이 변해버린 낯선 마을과 학교를 둘러보고 점심을 먹으려고 매운탕집으로 갔다. 삼십여 년 전에는 조그마한 시골 식당이었는데 커다란 홀이 있는 2층의 대형 식당으로 바뀌어 있었다. 안으로 들어가니 옛 주인이 반가이 맞아주었다. 이젠 나이가 들어 아들이 식당을 운영한다고 했다.

사평리에서 점심을 먹고 차를 몰고 다시 아평리로 내려오니 갈 때는 잘 보지 못했던 우측으로 옛날의 덕천 나루에는 도담삼봉을 거처 단양으로 가는 큰 다리가 놓였고 대교 건너편에는 새로 뚫린

덕천 터널이 보였다. 앞길은 고수동굴로 이어지는 고수재 길이, 좌측으로는 대대리로 가는 회전식 사거리가 나타났다. 좌회전을 하여 대대리 쪽으로 100m쯤 가니 우측으로 빠지는 작은 도로가 있고 그 앞쪽에 조그마한 다리가 보였다. 오래전 고수재를 오르려고 급커브를 돌다 기와집으로 돌진했던 단양으로 가는 일 차선 도로였다. 지금은 차량 통행이 거의 없는 폐도처럼 보였다. 나는 사고가 났던 도로 우측에 조성된 공원에 차를 세웠다. 사고가 났을 때 뚫고 들어갔던 기와집은 헐려버리고 빈 집터에는 무성한 잡초에 묻힌 폐농자재들만이 여기저기 흩어져 있었다. 삼십오 년 전의 흔적이라고는 차 한 대가 겨우 다닐 수 있는 도로와 10m도 채 안 되는 낡고 작은 교량만이 초라하게 남아 있었다.

기억속의 고향

 봄의 전령인 개나리도 지고 호들갑을 떨던 벚꽃도 졌다. 화사한 봄기운이 물씬 풍기는 봄이 무르익었나 싶더니 어느새 녹음은 짙고 여름 내음이 나는듯하다. 봄 냄새를 맡고 싶어 창문을 활짝 열었다. 아카시아 향이 나를 밀치고 날아든다. 은근한 향에 끌려 앞산으로 올라갔다. 향에 묻혀 숲 속을 걷다 보니 복잡한 일상에서 벗어나 모처럼 머리가 맑게 비워지는 것만 같았다. 한참을 무심히 걷다가 정신을 차려보니 산 넘어 우저서원牛渚書院 뒤편에 서있었다.

 조선 선조 때 학자이며 의병장인 중봉重峯 조헌趙憲 선생의 학문과 덕행을 추모하는 건물이다. 400년에 가까운 지난 시간을 말해 주듯 고풍스런 기와지붕과 단청, 긴 담장을 만나니 고향집 뒷동산 넘어 향교를 만난 듯 정겹다. 서원 뒷담을 끼고 왼쪽으로 돌아 몇 걸음 옮겼을까. 밭 둑 언덕에 눈을 끄는 무엇에 뭉클해져 홀린 듯이 다가갔다. 연초록 잎으로 붉은 꽃봉오리를 감싸고 있는 찔레나무다. 나이 든 사람들이 가장 듣고 싶다는 '찔레꽃'노래에 나오는 붉은 찔레꽃이다.

'찔레꽃 붉게 피는 / 남쪽나라 내 고향 / 언덕 위에 초가삼간 그립습니다.' 내 머리에는 하얀 찔레꽃만이 각인되어 있어 노래를 들으면서도 붉은 찔레꽃이 있다는 것을 믿지 않았다. 하지만 붉은 찔레꽃을 막상 대하고 보니 육십여 년 전의 기억을 되찾았다고나 할까. 눈이 호사를 해서인지 옛날 일들이 줄줄이 피어난다. 희미한 고향집과 유년시절의 일들이 활동사진처럼 선명하게 펼쳐진다.

오래전, 시골집에서 서울을 가려면 비포장도로를 여섯 시간 넘게, 그것도 털털거리는 버스를 타고 뽀얗게 먼지를 뒤집어썼다. 괴산을 떠나 이천을 지나 곤지암쯤 가면 차창 밖으로 펼쳐지는 시골 풍경에 묘한 아픔이 일었다. 고즈넉한 초가집과 사립문, 흙담을 따라 핀 개나리꽃은 아름답기보다 오히려 심란하게 만들었다. 서울이 눈앞에 가까워질수록 시골집이 더 그립고 초가지붕 아래 계신 부모님이 그새 보고 싶었다.

우리 집에는 앞쪽 담장 밑에 작은 화단이 있어 봉숭아, 채송화, 맨드라미, 꽈리, 다알리아 같은 일년초들이 때맞추어 꽃을 피웠다. 많은 다년생 나무들 중에 붉은 찔레꽃나무도 있었다. 흰 찔레꽃 보다 순한 향과 볼그레한 꽃잎은 어린 눈에도 친근감이 느껴지고, 붉은 장미꽃 모양이면서도 분홍빛을 띠는 꽃잎과 꽃술에서 내뿜는 은은한 향기는 사람의 마음까지도 따뜻하게 해주는 것 같았다.

마당 한쪽에 작은 방만한 웅덩이에는 오리 대여섯 마리가 헤엄을 쳤다. 우리 집은 동산 밑에 있어 시내를 가려면 이백 미터쯤 꼬불꼬불한 골목길을 지나 넓은 개울을 건너야 했다. 날이 밝으면 오리는 웅덩이에서 놀다 아침으로 쌀겨나 보릿겨를 먹는다. 그러고는 요란한 소리를 내며 개울을 향해 일제히 비행을 한다. 수십 채의 집 위를 날아서 개울을 찾아간다. 물이 있는 곳을 어떻게 알았으며, 집오리가 어떻게 높이 날을 수 있었는지 지금 생각해도 신기하다. 마을에서 명물로 알려진 녀석들이 저녁이면 날아서 돌아올 줄을 몰랐는지 골목길을 뒤뚱거리며 돌아왔다. 가끔 늦어질 때면 내가 요 놈들의 길잡이가 되느라 귀찮을 때도 있었다. 오늘은 붉은 찔레꽃이 까맣게 잊고 살았던 어린 시절로 길잡이가 되어준다.

날씨가 좋아 다시 붉은 찔레꽃을 만나러 갔다. 며칠 전에는 봉우리였건만, 활짝 웃는 꽃잎이 수줍음에 붉어진 시골 처녀의 볼이다. 얼굴을 가까이 대고 지그시 눈을 감았다. 향긋한 고향 냄새다. 아니 엄마 냄새다. 골목에서 구슬치기 하는 친구들이 보인다. 한쪽에

선 여자 아이들이 고무줄을 넘고 있다. 코흘리개 아이들이 논바닥에서 자치기를 하느라 와자하다.

  나는 어쩌다 이 낯선 야산에서 서성거리는가. 어느새 저녁 해가 산등성이를 넘으려 한다. 마음도 따라 석양빛으로 물이 든다. 저녁 연기 피어오르는 이때쯤이면 밥 먹으라고 나를 부르시던 어머니 목소리 들리는 것만 같다.

※ 우저서원(牛渚書院) : 김포시 감정동에 있는 서원으로 조선 선조(宣祖) 때의 학자이며 의병장인 중봉(重峯) 조헌(趙憲:1544~1592)의 학문과 덕행을 추모하기 위하여 1648년(인조 26)에 창건하였다

변덕스러운 등산

산을 오르면 마음이 편안하고 솜처럼 폭신함을 느낀다. 오염되지 않은 맑은 공기가 그곳에 있기 때문인지도 모르지만 그곳에는 미워하는 마음도 질투하는 마음도 없이 그저 어머니 같은 숨결이 느껴지기 때문이라고 생각한다. 나무와 풀이 그곳에서 자라고 많은 동물들이 아무리 뛰어놀아도 성을 내거나 찌푸리지 않는다. 그럴수록 더욱더 풍요로워지는 것 같다. 모든 것들을 사랑으로 포근히 안아주는 그런 곳이 산이라서 그런가 보다. 아니 그곳은 내가 태어난 나의 고향이며 내가 돌아가야 할 곳이라 그런지도 모른다.

퇴직을 하고 나서 일주일에 삼사일은 산을 찾아 오르고 있다. 나이 들어가면서 건강을 유지하기 위해 결심을 한 것이다.

처음 시작은 구룡산 끝자락에서 시작하였다. 한 반년 정도 지나자 도시에 누워있는 언덕처럼 뻗어있는 산이라 그런지 삭막하다는 느낌도 들고 신선함도 덜한 것 같아 등산로를 옮겨보기로 하였다. 아내와 몇 곳을 답사했다. 이곳저곳 다녀 보았지만 대부분 산세가 너무 가팔라서 우리들 나이에는 좀 벅차다는 생각이 들었다. 결국 산성마을에서 출발하여 상당산성을 한 바퀴 도는 코스로 결정을 하였다. 산성 성벽길은 4킬로미터 거리에 한 시간 정도 걸리는 무난한 산책길이다. 봄과 가을이 되면 많은 어린이와 학생들 그리고 멀리서 찾아온 관광객들로 붐비는 곳이기도 하며, 나이 든 분들이 즐겨 찾는 산책로이기도 하다. 거의 반년 정도 성벽길 돌기를 하였다. 겨울에 시작하여 여름의 문턱에서 다른 등산로로 바꾸었으니 말이다. 참으로 나이 든 사람들에게는 알맞은 산책 코스라는 생각을 지금도 하고 있다. 계절 따라 변하는 자연의 모습이 또한 장관이라 할 만하다. 이른 봄이면 산성고개에 어우러지게 피어오르는 개나리 진달래며, 무심천 벚꽃보다 일주일 정도 늦게 피어나는 벚꽃은 산성마을로 들어서는 길 좌우에 호들갑스럽게 꽃망울을 터트린다. 긴 꽃의 터널은 산성마을을 찾는 이들의 마음을 설레게 한다. 그 뒤를 이어 산성 성벽길 따라 연초록 잎 사이로 피어오르는 철쭉은 살포시 얼굴을 내미는 주변의 나뭇잎과 어울려 그 요염함이 더욱 돋보인다. 산성을 한 바퀴 돌고 나면 땀으로 촉촉이 젖은 옷깃 사이로 스며드는 바람 또한 상쾌하기 그지없다.

산성을 내려와 미원 쪽으로 돌아서 청주로 나오다 보면 토속 음식점이 있다. 이곳에 들러 온갖 산채 나물로 이루어지는 비빔밥이라도 한 그릇 먹는 날은 어린아이처럼 즐거워진다. 점심을 먹고 토담집 식당을 나오면 식당 주위에 늘어놓은 맷돌이며 다듬잇돌, 물레방아며 연자방아, 절구와 절굿공이, 다리미와 인두 등등 옛 우리들의 살림도구들이 박물관처럼 정리되어있다. 얼마가 더 지나면 이것들의 용도와 이름을 기억하는 사람도 없을 거라는 생각이 든다. 촌스럽게 널려있으면서도 다정하게 느껴지는 이 살림도구들이 정겨움을 주는 것은 그때의 우리의 삶이 소박하고 정이 넘치는 그런 애틋함이 있어서 일거라는 생각을 해본다. 이들을 둘러보며 어릴 적 삶과 정겨웠던 옛일들을 떠올리며 감회에 젖기도 한다.

　늦은 봄 연분홍 산 철쭉꽃이 시들어 갈 무렵 또다시 등산로를 바꾸어보기로 하였다. 산성 돌기가 지루하고 무언가 좀 허전함 같은 그런 느낌이 들어서였는지도 모른다. 이번에는 청주박물관에서 상당산성까지 오르는 등산을 해보기로 했다. 처음에는 우리 같은 나이와 허약한 체력으로는 좀 무리라는 생각이 들었다. 박물관에서 상당산성 서문까지 올라갔다 내려오려면 한 시간 반 정도 걸리고 산이 가파르기 때문이었다. 그런데 이번 코스에서 힘을 얻게 되었다. 각종 새소리를 듣게 된 것이다. 산성을 돌 때에는 겨우 박새와

방울새 그리고 찌르레기 정도의 새소리를 들었는데 이곳에서는 비상하며 내는 장끼의 소리, 꾀꼬리 소리, 심지어 딱따구리 소리를 들을 수 있을 뿐 아니라 다람쥐까지 눈에 띄었다. '새소리가 들리지 않는 산은 삭막하다.' 누군가가 한 말이 생각난다. 그렇다. 산이란 모름지기 산속에서 살아가는 모든 동물, 노루며 토끼며 다람쥐가 뛰어놀고 박새며 콩새며 꾀꼬리며 딱따구리들이 정겹게 노래하고 장끼와 까투리가 힘차게 비상하는 그런 산이라야 산다운 산이라 할 것이다.

등산을 하고 내려오면 온몸은 땀으로 범벅이 된다. 집에 돌아와 따뜻한 물에 땀을 씻고 나면 그 시원함은 말로 표현할 수가 없다. 그리고 막걸리 한잔과 두부 한모를 아내와 함께 나누어 먹으면 훌륭한 점심이 된다. 이 여름은 산성을 오르는 등산을 하게 될 것이다. 때로는 중간에서 하산을 할 때도 있지만 말이다. 그리고 다리에 힘이 오르고 여유가 생기면 또 다른 더욱더 산다운 산을 찾아 등산로를 바꾸는 변덕을 부릴지도 모른다. 강이나 냇물이 내려다보이는 그런 산이었으면 좋겠다.

산을 오르며 이토록 아름다운 자연을 즐길 수 있을 만큼 건강하고, 산에서는 산을 벗 삼고 때로는 시냇가에서 물을 벗 삼아 유유자적할 수 있는 여유까지 있으니 이보다 더 고마울 수 없다.

산을 좋아하는 사람은 산을 닮고, 물을 좋아하는 사람은 물을 닮는다고 한다. 나도 산처럼 물처럼 너그럽고 풍요하며 모든 이들을 포용하고 사랑할 줄 아는 그런 사람이고 싶다.

※ 구룡산 : 충청북도 청주시의 흥덕구 개신동 · 산남동 · 산북동에 걸쳐 있는 산이다(고도 : 164m). 주택지에 인접하고 있어 시민들의 등산로와 휴식공원으로 이용되고 있다.
※ 상당산성 : 청주시 동북쪽, 청원군과의 경계를 이루는 상당산(492m)을 두른 산성이다.
※ 청주박물관 : 충청북도 청주시 상당구 명암동에 있는 국립 박물관으로 뒤편은 우암산이, 옆은 상당산 밑자락이다.

무엇이라도
드리고 싶은 분

　가을이면 산을 오르다 산책로 주변에 떨어진 도토리를 줍는다. 주워 온 도토리는 반쪽으로 갈라서 말린다. 이렇게 말린 도토리는 껍질을 까 두었다가 어느 정도 모이면 물에 불린 다음 방앗간에서 이를 빻아 온다. 빻아온 도토리가루를 물에 풀어 고운 천으로 만든 자루에 넣고 짠다. 그리고 하루에 한 번씩 맑아진 물은 딸아 내고 새물을 갈아준다. 며칠 지나면 곱디고운 녹말가루가 가라앉는다. 완전히 가라앉아 딱딱해지면 이를 쪼개어 말려 가루로 만든다. 노르스름한 녹말가루가 만들어진 것이다. 이 녹말가루를 물에 풀어 약한 불로 끓이면 도토리묵이 되는 것이다. 참으로 신기한 일이 아닐 수 없다. 도토리묵이 만들어지는 과정이다.

　어릴 적부터 이런 일 저런 일 다 해 보았다. 그런데 도토리를 주어 묵을 만들어 먹는 일은 꿈에도 상상을 못 했던 일이다. 서울에 유학할 때 겨울방학이면 고향에 내려와 저녁이면 친구들과 사랑방에 모인다. 이런 이야기 저런 이야기 하다 막걸리 한잔 마시러 마을 주막집으로 가곤 했다. 노인 부부가 생계유지를 위해 마을 사람들을 상대로 막걸리와 묵을 파는 집이다. 토담집에 안방과 윗방이 술방의 전부였다. 윗방에서 막걸리 한잔을 기울이며 먹는 묵밥이 가히 일미라 할 만했다. 그 묵사발에 토끼고기라도 꾸미로 올려 놓이는 날은 정말 행복했다. 다시 사랑방으로 돌아와 밤새는 줄 모르며 무슨 이야기가 그리도 많았는지 모르겠다. 주로 농사 이야기이지만 세상 돌아가는 모습도 화제가 되곤 했다. 잊었던 그 꿈의 맛을 내가 주운 도토리로 묵을 쑤어 맛을 보게 된 것이다.

우리 내외는 일주일에 두세 번 산을 오른다. 노화되어 굳어가는 관절을 유연하게 하고 싶어서 이다. 그런데 요 몇 년은 봄이 되면 쑥을 뜯으러 산을 오르고 가을 이면 등산로 주변에 떨어진 도토리도 줍는다. 나이가 들어 힘이 부치니 한 시간 정도의 산행 중에 쑥 뜯고 도토리 줍기가 잠시의 일탈이라고나 할까? 등산으로 몸의 기력도 높이고 쑥도 뜯고 또 때로는 도토리도 주우니 도랑치고 가제 잡기이다. 봄에는 사월 말경부터 오월 초순까지 쑥을 뜯는데 조금씩 뜯는 대로 슬쩍 삶아 꼭 짜서 냉동실에 모아 두었다가 오월 하순

경에 방앗간에 가져가면 빻아준다. 멥쌀로 반말 찹쌀로 반말 정도에 쑥을 넣어 빻아놓으면 일 년을 먹을 간식이 생긴다. 또 이웃들과 친목도모에도 한몫을 한다. 물론 떡 만드는 일은 아내의 몫이다.

이렇듯 봄이면 쑥을 뜯어 쑥떡을 만들고, 가을이면 도토리를 주어 도토리묵을 쑤는 데는 그만한 또 다른 마음 설레는 이유가 있다. 내가 직접 힘들여 거둔 식재료로 만든 음식을 대접하고 싶은 여인이 한분 계셔서이다.

형님과 나 그리고 네 자매가 우리 부모님의 보배들이었다. 그중 첫째인 큰 아들이 내가 어렸을 때 군 생활을 하신 형님이고 그다음이 두 누님이다. 그리고 밑으로 여동생이 둘이 있다. 어머니께서는 아들인 나보다 딸들을 더 챙긴다고 생각할 정도로 아들딸의 구별을 하지 않으신 분이다. 그래서 심술을 많이 부렸던 것 같다.

아버지가 직장생활을 하시느라 농사를 전혀 짓지 않았기 때문에 토지개혁이 시행되자 모든 농지가 소작인들에게 넘어갔다. 물론 토지의 대가로 증권을 받았지만 그 증권은 일 년도 안 되어 화폐가치가 급락함에 따라 휴지조각이 되고 말았다. 어려움이라고는 모르고 살아오신 아버지는 갑자기 모든 농토를 잃고 증권은 휴지가 되자 자포자기에 빠져 술에 취해 있는 날이 더 많았다. 가정살림이 갑자기 어려워지니 청주에 유학하고 있던 두 누님들은 학업을 계속하기 어려운 형편이 되었다. 어머니는 앞이 막막했을 것이다. 힘없이 무너져버린 가세, 빼앗겼다는 생각에 억울하고 분하고 한이 뼛속 깊이 맺혔을 것이다. 아무 말씀도 없이 어머니는 보따리 장사를 시작하셨다. 그 푼돈으로 큰 누님은 사범학교를 졸업하였고 초등학교 교사로 임명되었다. 삼 년 후에는 작은 누님이 군청 공무원으로 직장을 잡았다. 그 이후로는 두 누님들이 나와 동생들의 학비와 살림에 큰 도움을 주었다.

그리 보면 우리 어머니가 옛날 여인으로는 현명하고 독한 사람이었다. 조선말 고종황제 시절에 도승지를 지내셨던 분의 손녀로 태어났다. 천석꾼의 부잣집 맏며느리로 시집을 오셨다. 부족함을 모르고 사시던 분이 죽고 싶을 만큼 막막하고 부끄러웠을 것이다. 반상의 구별이 아직은 뚜렷했던 시절이었다. 신분을 속이고 멀리 타지방을 돌며 보따리를 이고 하루 백여 리를 걸으셨다고 한다. 큰할아버지 댁으로 양자 들어가신 큰아버지 집에 빌붙으면 약간의 도움은 얻을 수 있었겠지만 어머니의 생각은 다르셨다. 밥만 먹고 미래가 없는 삶을 자식들에게 물려줄 수는 없었다. 공부를 시키는 것만이 자식들을 살리는 길이라고 믿으셨던 것이다. 과거의 화려했던 시절의 미련에서 과감히 벗어나야 한다고 다짐하고 입술을 깨물었다. 이러한 굳은 생각이 마음속에 자리를 잡자 두려움이나 창피함 같은 것은 사라지고 독한 마음만이 버티었을 것이다. 자식을 살리기 위해서라면 목숨도 버릴 수 있는 하늘이 내린 모성애가 바로 이런 것이 아닐까 생각한다.

형님은 돌아가셨고 작은 누님과 두 동생들은 결혼하여 미국으로 이민을 갔다. 이제 이 나라에는 큰누님과 나 둘만이 살고 있다. 고향을 떠나 김포까지 흘러왔으니 이제라도 가끔 찾아뵈어야겠다는 생각이다. 두 분의 누님이 돌보아주지 않았다면 나와 내 동생들이 지금 이렇게 여유롭게 살 수 있을까?

넉넉하지 못한 살림에 공부를 하다 보니 짜증과 투정도 많이 부렸을 텐데, 군소리 없이 어머니의 애정으로 돌보아주신 두 분을 생각하면 죄스럽고 미안한 마음이 든다.

봄이면 쑥떡을 들고, 가을에는 도토리묵을 들고 찾아뵙고 함께 점심을 대접해 드리기도 한다. 경제적으로는 어려움 없이 사시고, 내가 넉넉한 것도 아니니 이렇게라도 누님께 보답하고 싶은 마음이다.

학창 시절에는 배구선수였고 서울로 시집와서는 종로구 어머니 배구팀의 선수이기도 했던 건강하고 뛰어난 미모였는데 팔십 대 후반의 노파가 되었다. 그래도 아직은 건강하고 멋진 할머니가 되어 있다. 국내 중견 기업의 중역을 거쳐 사장까지 지냈던 잘 나가던 매형도 이젠 구십의 나이에 건강도 좋지 않은 듯하다. 말썽만 부리던 내가 팔십을 바라보고 있으니 삶의 무상함이 느껴질 뿐이다.

안면도를 가다

    십일월 하순 어느 날 아침이었다. 나와 친구 일곱 명을 태운 봉고차는 안갯속을 뚫고 오창, 병천 그리고 천안을 거쳐 안면도를 향해 달리고 있었다. 천안을 지나니 안개는 걷히고 밝은 가을 햇살이 따뜻하고 눈이 부셨다. 안면도에 도착한 것이 정오쯤 되었을까 음식점들이 즐비한 어느 해변에 도착하였다. 점심으로 대하구이와 조개 샤브샤브를 시켰는데 대하구이 두 마리에 소주 몇 잔을 들고 나니 배가 부르다. 조개 샤브샤브는 한처럼 먹어 보았을까 동이 나고 그 국물에 면을 넣어 점심을 먹었다. 그리고 안면도 이곳저곳을 들러 도착한 곳은 롯데 캐슬이란 이름이 붙은 해변 콘도였다. 체크인을 하고 오층에 있는 방에 들어가 창밖을 내다보니 앞은 끝없이 펼쳐진 망망대해 그리고 저녁 태양은 저 멀리 바다 한 뼘 위에서 그 넓은 바다를 온통 붉게 물들이며 떨어지고 있다. 낙조의 아름다움이 이렇듯 애잔하게 느껴지는 까닭은 무엇일까.

오나라를 도와 초나라를 멸하고 아버지와 형의 원한을 갚은 오자서伍子胥는 비난의 소리를 들으며 "나는 나이가 늙었어도 할 일은 많다 吾 日暮途遠."라고 말했다는 생각이 떠오른다. 그렇다 떨어지며 세상을 붉게 물들이는 낙조를 바라보며 나는 나의 늙음을 생각했던 것이다. 눈을 아래로 돌려보니 콘도에 이어진 바닷가 한 건물 옥상의 노천 해수온천탕에서 젊은이들이 온천욕을 즐기고 뚝 아래로는 깨끗한 모래벌이 샛노란 살을 드러내며 젊음을 유혹이라도 하는듯했다. 콘도를 나와 우리는 저녁을 먹으러 해수욕장 제방과 모래 벌을 오르내리며 식당을 향해 걸었다. 제철이 아니라서 그런지 해수욕장의 모래는 너무 깨끗하고 바닷가 언덕 위에는 잘 자란 소나무들이 기개를 뽐내며 수려한 주변의 경관을 더욱 돋보이게 한다. 해수욕장 모래밭에는 하얗게 밀려오는 파도와 저녁노을이 어우러져 신비의 색을 연출하고 있다. 이 비경을 즐기는 연인들이 쌍쌍으로 수려한 경치에 묻혀 춤을 추듯 흔들리고 있다. 오백여 미터는 족히 해수욕장을 걸으며 우리나라에도 이렇게 아름답고 잘 가꾸어진 해수욕장이 있음에 감사했다. 규모는 좀 작을지 몰라도 세계적이라는 하와이의 와이키키 해수욕장보다 더 아름답다는 생각이 들었다. 아름다움에 취하고 바닷가 한적한 횟집 여인의 다정함에 취하고 그리고 술에 취해 잠시 신선이 되어 보기로 했다.

다음날 아침 여덟 시쯤 체크아웃을 하고 차에 올라 바닷가 어느 식당에 들러 굴밥과 청국장에 동동주 몇 잔을 마시고 나니 피곤이 풀린다. 다시 차를 타고 간월도 간월암엘 들렀다. 하루 두 번씩 밀려오는 밀물 때는 물이 차 섬이 됐다가 썰물 때는 물이 빠져 작은 자갈길로 육지와 연결된다는 간월암, 바다에 떠있는 모습이 구름 속에 피어난 연꽃처럼 아름다운 그런 암자로 유명하다. 조선 초 무학대사가 작은 암자를 지어 무학사라 부르던 절이라고 한다. 무학대사는 이곳에서 달을 보고 홀연히 도를 깨우쳤다고 한다. 자연 퇴락되어 폐사된 절터에 1914년 만공 대사가 다시 절을 세우고 간월암이라 이름 붙였다고 한다. 이곳에서 수행하던 무학대사가 이성계에게 보낸 어리굴젓이 궁중의 진상품이 되었다고 하는 이야기가 전해 내려온다. 그래서인지 간월도 곳곳에 어리굴젓을 파는 아낙들이 눈에 뜨였다.

간월암은 바닷물이 들어오면 바다 가운데 있는 암자로 옛날에는 많은 정진하는 수도승들이 이곳에서 파도소리 바람소리 그리고 암자에 자라는 나뭇잎 소리를 경전 삼아 몇 년씩 칩거하였다는 말이 있는 유서 깊은 곳이다. 물이 빠져서인지 우리는 오륙 미터의 갯벌을 지나 쉽게 암자에 오를 수 있었다. 암자에 올라 보니 사람도 스님도 보이지 않아 쓸쓸하기 그지없었다. 절간의 마루에 걸터앉아 철썩대는 파도와 바람에 흔들리는 풍경소리에 잠시 무념무상의 경지에 녹아드는 착각을 느꼈다.

　우리를 실은 차는 간월도리를 뒤로 청주를 향해 달리기 시작했다. 잠시 눈을 붙였다 싶은데 청주에 도착하였다. 칼국수로 해장을 하고 집에 도착하니 피곤이 엄습해 왔다. 신선놀음도 힘에 겨움으로 느껴졌다.

경로당 어르신들

　민족의 대 명절인 추석이 사흘 앞으로 다가왔다. 가슴 설레며 기다려지던 그 명절이었는데 이젠 별 볼일 없는 뒷방 노인네가 된 기분이 듦은 나이 탓인지 세월 탓인지 모르겠다. 이젠 명절이 되어도 들뜨거나 설레는 감정이 솟아오르질 않는다. 어제만 해도 조금만 몸을 움직이면 땀이 온몸을 적시었는데, 밤새 비가 한줄기 지나간 뒤에는 바람이 제법 차가워졌다. 추석을 맞아 온 가족을 만나 기분 좋게 술잔을 기울이다 보면 이 나이에도 부모님 생각에 눈시울을 적시게 될 것이다. 즐겁게 먹고 마시며 며칠을 보내고 자식들이 돌아가고 나면 온 집안은 텅 빈 것 같이 쓸쓸해지겠지. 그리고 또 며칠이 지나면 나는 또다시 뒷방 노인으로 돌아가 외로움을 달래며 흘러간 노래를 흥얼거릴 것이다. 때로는 경로당에 가서 고스톱을 치거나 바둑을 두기도 하겠지만 말이다. 그리고 또 얼마를 지나면 어김없이 추운 겨울이 찾아올 것이다.

추운 겨울이 되면 경로당 노인들도 힘들어진다. 낮이면 대부분의 가족들이 일을 하러 나가고 덩그러니 집에 홀로 남겨진 노인들은 차가운 외로움 속에 빠지고 만다. 자식들 살림살이를 걱정해서 보일러도 팡팡 틀지 못한다. 따뜻한 경로당이 쉼터로 기다리긴 하지만 그곳도 아주 편안한 곳만은 아니다. 뭐라도 좀 챙겨 먹으려면 누군가는 힘을 보태야 하고 간식거리도 준비를 하여야 한다. 모두가 노인들이니 경로당에 오면 편히 쉬고 싶을 뿐이다. 꼼지락거리기를 싫어하는 것이 아니라 몸이 감당하기 힘들어하기 때문일 것이다. 그래도 서로서로 힘을 보태어 잘 꾸려나가는 것을 보면 고마운 마음까지 든다. 남자 어르신들이 술이라도 한잔하고 간단히 식사라도 할 때에는 나도 가끔은 뒷정리를 돕는다. 내가 먹었으니 내가 치우는 것은 당연한 일이다.

고령이다 보니 현관문의 열쇄 번호를 깜박 잊어 엄동설한 저녁때에 아파트 출입문을 열지 못해서 자녀들이 돌아올 때를 기다리며 문밖에 서서 떨고 계시는 경우도 아주 가끔은 일어난다.
자식을 위해 힘들고 어려움도 사치로 여기며 삶의 전쟁터에서 사투를 벌였던 어르신들이다. 힘이 조금 남아 있던 그제까지는 손자 손녀 지저귀 갈아주고, 힘이 조금남아 있던 어제까지는 학교에서 돌아온 손 자녀 돌보며 저녁상을 차려주고 맛있게 먹는 것을 지켜보는 것이 자식 사랑이며 낙이었다. 지금 이분들은 자식에게 사랑을 베풀고 싶은데 기운이 떨어지고 있다. 훌훌 모든 걸 떨치고 떠나 여유를 갖고 쉬어볼 만한 한적한 안식처도 없고, 자식들 걱정으로 발길이 떨어지지도 않는다. 따뜻한 경로당 방에 누워서 이웃 할머니들과 세상 살아온 이야기를 주고받는 것이 더없는 즐거움이며 휴식이다. 이제 내 한 몸 움직이기도 힘에 부치는 연로하신 분들도 있다.

노인들을 대상으로 하는 소위 떴다방이라는 곳이 가끔 생긴다. 나이가 들면 몸 구석구석 안 아픈 곳이 없다. 따뜻한 전기 찜질기는 일시적으로 통증을 가라앉힐 수도 있다. 또 젊은이들이 주물러 마사지를 해주면 시원해진다. 고맙기 그지없다. 게다가 선물도 듬뿍 준다. 마음이 즐거우니 인심도 후해진다. 시원함과 즐거움이 구매로 이어진다. 그것도 고가의 제품들이 말이다. 조심해서 구매하라고 충고의 말이라도 할라치면 젊은것들이 적은 보수에 땀을 뻘뻘 흘리며 일하는 것을 보면 안쓰럽다고 한다. 도와주는 셈 치고 구입한다고 한다. 그런 분들 물론 많은 돈을 가지고 있는 부자도 아니다. 나의 아픔보다도 불쌍해 보이고 딱해 보이면 보고 넘기지를 못하는 곱고 약한 마음이 충동구매를 하게 되고 얼마가 지난 후에는 후회를 하기 마련이다.

　때로는 밥맛이 없어서 아침 끼니를 거르는 경우도 있다. 경로당을 찾아와 아무 말 없이 한쪽에 앉아 점심때를 기다리고 있다. 경로당에서 여럿이 함께 식사를 하면 입맛이 생기는 모양이다. 경로당에서 공동취사로 점심식사를 하시도록 지원을 하고 있지만 재정이 넉넉지 못하니 식사 내용은 궁색할 수밖에 없다. 다행인 것은 나라에서 식사도우미를 지원해 주어 점심 준비하는데 눈치는 보지 않아도 된다.

　경로당 어르신들은 진짜 전문가들이다. 월례회 등으로 회원들이 함께 잔치를 벌일 때가 있다. 이런 때에는 어느 식당의 명품 요리에 비해 손색이 없는 요리가 나온다. 이분들은 레시피가 필요 없다. 그들의 레시피는 머릿속에 있다. 손놀림이 조미료이다. 설거지하고 뒷정리하는 것을 보면 놀라울 뿐이다. 또한 경로당 어르신들은 절약의 대가들이다. 필요 없는 전등은 끄고, 여름에는 더위만 가시면 에어컨을 끈다. 겨울에는 한기만 가시면 난방 밸브를 잠그는 등 모든 것을 철저히 아낀다. 이런 모습이 때로는 고맙다기보다 오히려 안쓰럽고 마음이 아프기까지 하다.

　오늘을 살아가는 어르신들은 엄청난 자기희생과 헌신으로 가정과 사회 그리고 국가발전에 기여했다. 국가나 지역사회는 어르신들을 지속적으로 애정과 관심을 기울여 지원하고 보호해야 할 것이다.

우리 할머니

　방학이면 할머니 댁을 찾아간다. 넉넉지 못한 살림이니 밥 먹는 입의 수를 줄이려는 생각도 있었을 것이다. 나를 끔찍이 사랑해주는 할머니가 좋기도 했다. 할머니 눈에는 읍내에 살고 있는 내가 더없이 잘생긴 귀공자처럼 보이는 모양이다.

　할머니가 하시는 일이나 말씀은 그 누구도 거역할 수 없는 절대적이었다. 물론 할아버지께서 생전에 재산은 두 아들에게 나누어 주셨지만, 할머니의 몫으로 남겨둔 재산도 꽤 있었던 것으로 기억된다. 더욱이 팔십을 바라보는 나이에도 허튼 일은 절대 하시지 않으며 십여 명의 가족을 거느리는 큰 어른이었다고 볼 수 있다. 그러니 할머니 옆에만 있으면 나는 덩달아 상전이 된 기분이 들 때도 있었다. 그런 할머니의 위세 덕분에 마을 아이들도 내게는 마구 하지 못하곤 했다. 게다가 토지개혁으로 소작농이 지주로 바뀌긴 했어도 오랜 세월 갑이셨던 할머니는 그만큼 권위가 있으셨다.

할머니 옆에 누워서 잘라치면 할머니의 이 얘기 저 얘기를 듣다가 잠이 들곤 했다. 그 시절에는 쥐란 놈이 많기도 했다. 천정 속에서 방사房事를 즐기느라 소리 또한 요란했다. 그럴라치면

'저놈들이 사람보다 솔직하다니까. 좋으면 저 야단을 떨어요. 그래도 새끼를 낳을 때는 쥐 죽은 듯이 낳으니 말이여. 사람이란 짐승은 지들 좋을 때는 숨어서 아무도 모르게 즐기면서 새끼 낳을 때는 동네방네 다 알도록 요란을 떤단 말이여. 부끄러운 줄을 몰라.'

할머니의 코미디 같은 말씀이 지금도 머리에 쟁쟁하다. 농사 일로 바쁘신 가운데도 독서를 즐겨하셨다. 아직 힘이 있으실 때는 이야기책을 빌려오면 필사까지 하시곤 했다. 그러니 내게 들려주는 이야기도 다양했고 내가 재미있어하면 더욱 신명이 나셨다.

내가 중학교 2학년 때에 팔십의 나이로 돌아가셨다. 당시에 팔십을 산다는 것은 아주 드문 일이었다. 그러니 호상이니 뭐니 해서 상갓집이 상갓집 같지 않았던 느낌이었다. 원래가 부지런하셔서 돌아가시던 날도 낮에 집 뒤쪽에 있는 마늘밭에서 김을 매셨다고 한다. 돌아가실 정도이니 몸이 오죽이나 불편하시었을까? 아파도 몸져누우시지도 않고 속으로 앓다가 돌아가셨을 것이다. 큰아들이 양자를 가셨으니 대를 이을 자식은 작은아들이었다. 토지개혁으로 농지를 잃고 객지에서 힘겹게 살고 있는 작은아들이 무척이나 보

고 싶으셨을 터인데 얼굴도 못 본채 말없이 돌아가셨다. 늦게 소식을 듣고 달려온 작은 아들의 오열은 주위 사람들을 숙연케 했다. 장례를 준비하는 동안 찾아오는 문상객들로 온 마을이 떠들썩했다. 골목마다 흰 두루마기를 입은 촌부들로 가득했다. 돌아가신 할아버지께서 그 지역 면장을 지내셨으며, 큰아버지께서는 지역 유림의 지도자 이셨고, 아버지께서는 일정 때 고등 보통학교를 졸업하고 공무원으로 많은 분들과 교분을 나누고 계셨으니 장례는 마을의 큰일이 아닐 수 없었다. 돌아가시던 날은 비가 많이 내렸고 장례 전날까지 궂은날이었다. 장례를 치르는 날은 날씨가 쾌청하게 개었고 공기 또한 맑고 상쾌했다. 할머니의 가시는 길을 축복이라도 해주는 것 같았다. 장지까지는 3킬로 정도의 거리이며 선산 앞으로는 큰 강이 흐르고 있었다. 강가에 이른 상여喪輿는 배로 옮겨져서 강을 건너는 데 양쪽 강변에 모인 문상객들과 어우러져 강을 건너는 꽃상여는 가히 장관이라 할만했다. 조그마한 선산은 하얀 면포를 뒤집어쓴 것 같았다.

선산 아래 있던 작은 마을은 충무공 김시민 장군의 묘역이 조성되면서 이주하였다. 선산의 일부와 마을이 충민사 경내로 들어갔다. 할머니 산소 옆으로는 담장을 돌려 쳤다.

장군의 묘역이 조성되는 바람에 할머니의 산소는 뒤편으로 밀려

난 기분이 들 정도로 충민사 사당 담장에 가리어지고 말았다. 더욱이 산소 앞은 나무를 심지 말라는 지관의 말도 지킬 수 없게 되었다. 모든 조경이나 관리는 충민사 관리사무소의 지시에 따라야 하기 때문이다. 산소 앞의 나무나 풀을 모두 베어내어 할머니께서 먼 산과 들 그리고 앞으로 흐르는 강을 내려다볼 수 있으면 좋을 텐데 안타깝고 죄스러운 마음이 든다.

가을 운동회

며칠 전 둘째 손녀딸이 다니는 초등학교 운동회를 보러 갔다. 그 먼 옛날, 운동장을 가득 메웠던 사람들과 열띤 응원의 함성을 상상하며 정문을 들어섰다. 벌써 운동회가 시작되었다. 그런데 운동장 정면의 시멘트로 된 스탠드에는 십여 명의 학부모들이 앉아있을 뿐, 내 기대와는 달리 너무나 한산했다. 아무리 세월이 많이 흘렀다지만, 내 생각과 많이 다른 풍경이 영 생소하게 다가왔다. 나는 눈을 감고 아주 오래전 시끌벅적했던 시골학교 운동회를 떠올려보았다.

추석이 막 지나고 토실한 알밤이 떨어질 때면 학교마다 가을 운동회가 열렸다. 추수를 앞두고 아무리 바쁜 때라 해도 가을운동회는 일 년 중의 축제였다. 어린이가 있는 집은 말할 것도 없고 온 가족과 마을 사람들이 기다리는 큰 볼거리였다. 가을 하늘 아래 만국

기가 펄럭이는 운동장에서 열리는 초등학교 운동회는 어린이보다 어른들을 더 들뜨게 하는 마을 잔치였는지도 모른다. 추석 때 아껴 두었던 송편을 필두로 김밥이며 삶은 고구마와 밤 그리고 찐 달걀은 이 날에나 맛볼 수 있었다. 여기에 침을 담근 감 또한 **빼놓을** 수 없는 메뉴였다. 산골의 작은 마을들은 천막을 치고 솥단지까지 걸어놓고, 어른들은 자기 동네 천막에서 국밥과 삶은 돼지고기에 막걸리까지 한 잔 들 수 있고, 아이들은 수시로 천막을 들락거리며 마음껏 먹고 또 경기도 하며 하루를 즐겼다.

국민체조가 끝나면 어린이들은 청군과 백군 양 진영으로 나뉘어 앉아 열광적인 응원으로 흥을 돋우면서 시작되었다. 여기에 경쾌한 행진곡에 맞추어 나오는 아이들의 응원가 소리는 모든 이들을 신명 나게 해 주었다. 운동회 내용 역시 마을 잔치에 걸맞은 것이었다. 저학년들의 오자미 던져 박 터트리기, 고학년들의 기마전, 어린이와 부모가 한 발씩 묶고 뛰는 이인삼각 달리기는 승패보다 웃음을 불러왔다. 노인들의 사탕 따먹기 와 공 굴리기, 어른들만의 가마니 들기와 학부모 달리기 등 주민 모두가 즐기는 운동회였다. 운동회의 대미는 4백 미터 이어달리기였다. 모든 어린이와 구경꾼들은 트랙 주변으로 몰려나와 그야말로 혼연일체가 되어 큰 함성으로 응원을 했다.

운동회 날에는 당시에는 귀했던 공책, 연필, 지우개, 책받침 등 상품도 푸짐했지만 나는 4학년 때 딱 한번 장애물 경기에서 상을 받은 게 유일한 기억으로 남아있다. 장애물 경기라는 것이 달리기만 잘해서 되는 일이 아니다. 장애물을 잘 뛰어넘고 사다리 칸을 빠져나와 새끼줄로 엮은 그물망에 걸리지 않고 잘 기어 나와야 한다. 그야말로 운이 좋아야 하는 경기이다. 다른 애들이 장애물에 걸려 넘어지고 허우적일 때 잘 빠져나와 거기까지는 내가 일등이었다. 그러나 죽기 살기로 뛰었지만, 결승선에서는 겨우 3등에 머물고 말았다.

사람이 좀 모자라고 부족하면 신神이 채워주는 모양이다. 달리기 못하는 내 한을 큰 아들이 시원하게 풀어주었다. 큰 아들은 운동회 때마다 모든 종목에서 박수와 함성을 받으며 팀의 히어로였다. 특히 달리기를 잘해서 뛰었다 하면 1등이었다. 운동회의 마지막 경기인 4백 미터 이어달리기에서는 역전을 하는 바람에 자기 팀에 짜릿한 승리를 안겨주는 때도 종종 있었다. 아들 덕분에 다른 학부모들의 부러움을 받을 때면 절로 어깨가 으쓱해지곤 했다.

육 학년 어린이 백 미터 달리기 차례라는 방송이 스피커를 통해 울려 나왔다. 정신이 번쩍 들어 백 미터 경주장으로 눈을 돌렸다.

출발선으로 나오는 손녀가 눈에 들어왔다. '잘 뛰어줄까? 네 아빠처럼만 뛰어라. 할아비를 닮으면 안 된다.' 드디어 출발 신호인 화약 총소리가 울리고 손녀가 출발선에서 튕겨나갔다. 나도 모르게 벌떡 일어나 빨리 달리라고 소리를 지르며 응원을 했다. 어린 아기로만 알았던 저 아이인데 어찌나 빨리 달리는지 기특하고 목이 뻐근해짐을 느꼈다.

손녀는 다른 아이들과 차이가 날만큼 여유 있게 일등을 했다. 묶은 머리를 찰랑거리며 뛰는 모습에는 4백 미터 이어달리기에서 마지막 테이프를 끊던 큰 아들의 초등학교 때 앳된 모습이 얹혀 보였다. 아들 내외도 이 모습을 보았더라면 얼마나 마음 뿌듯했을까 하는 생각을 해보았다. 바쁜 일상에 활력이 될 텐데 하는 마음이 들었다.

옛날 운동회처럼 화려한 열기와 흥이 없는 것 같아 조금은 아쉬움이 남았다. 어찌 보면 낡아빠진 옛날의 세속과 사고에 뒤집어 씌워져 오늘의 흥과 정과 열기를 느끼지 못하는 것인지도 모른다.

얼마의 시간이 더 지나면 나는 모든 것에 익숙하지 않은 사람이 될 것이다. 그런 가정과 사회의 낯선 환경 속에서 나는 이방인처럼 어색하고 외로운 삶을 살게 될 것이다. 그리고 결국은 모든 기억마저 잃게 될 것이다. 어떻게 보면 잊어간다는 것이 다행이며 복이 아닐까 생각한다.

　먼 훗날 지금의 손녀가 내 나이가 되어 그때의 운동회를 지켜보며 또 어떤 생각을 할까?

이국적인 마을
법원리를 찾아서

며칠 전 파주시 법원리라는 곳을 찾아갔다. 오십여 년 전에 카투사로 복무했던 미군부대가 주둔했던 곳이다. 내가 근무했던 미 칠 보병사단이 1971년경에 철수하여 미국 본토로 돌아갔다는 소식은 인터넷망을 통해 알고 있었다. 미 칠 사단 포 사령부 105미리 포병대대가 주둔하고 있던 법원리 일대를 살펴보았지만 당시의 흔적은 어디에도 남아있지 않았고 대대에서 좀 떨어진 곳인 내가 근무하던 찰리중대의 위치는 어디였는지 조차도 알 수가 없었다. 우리의 지난 역사는 화려한 유곽 지대의 네온사인 속에 감추어진 채 참으로 슬프고 비참했었다. 그 시절 아픔의 흔적을 찾지 못함이 오히려 고맙게 느껴졌다. 그리고 그 짧은 세월 속에서 우리 경제의 화려한 성장을 돌아보며 감사한 마음과 함께 감회가 새로웠다.

논산훈련소 전반기와 후반기 훈련과정을 마치고 배출대로 옮겨 부대 배치를 기다리던 둘째 날 배속 명령이 떨어졌고 야간에 이송된다고 했다. 호명된 신병들은 지급받은 새 군복과 군화를 신고 부랴부랴 짐을 꾸려 들고 작은 연병장에 모였다. 모인 병사들은 논산역으로 이동하여 기차에 올라탔다. 한 밤중이었으니 정확한 시간은 알 수 없었다. 기차에 오르자 인솔 하사관이 우리 병력은 미군 부대에 배치되는 카투사 병력이라며 운 좋은 놈들이라고 알려주었다. 논산 훈련소 후반기 중화기 보병 훈련 막바지에 희망자에 한해 영어시험을 본 적이 있다. 그때는 그것이 훈련소 조교 선발시험이라는 말이 있었다. 최전방의 군대생활 보다는 힘이 들더라도 훈련소 조교도 괜찮을 것 같아 아는 대로 영어시험을 치렀는데 그것이 카투사 선발시험이었고 카투사로 선발이 된 것이었다. 마침 내가 훈련병일 때 카투사 선발이 이루어진 것이며 또 합격하여 카투사로 군 생활을 하게 되었으니 참으로 운이 좋긴 좋은 것이라고 할 수 있다. 기차는 밤새 달려 영등포역에 도착했다.

새벽 다섯 시경이었다. 기차에서 내려 역 앞 광장에 집합을 했다. 인솔책임자와 조교들이 일일이 인원 파악을 하고 나서 부평에 있는 미군 보충대에 들어가는 시간이 오전 열한 시라고 했다. 그리고 열차시간이 열 시이므로 4시간 정도 이곳에서 기다려야 하는데 서울에 연고가 있는 장병은 외출시켜주겠다고 했다. 근 삼개월간의 고된 훈련과 외부 민간인과의 단절된 생활에서 외출을 시켜준다니 참으로 야릇한 기분이 들었다. 먼저 생각난 곳이 원서동에 사는 큰 누님이었다. 연고가 있으니 일단 외출을 신청했다. 대부분이 서울 병력이었던지 많은 장병들이 외출을 신청하였다. 그렇게 해서 훈련병 생활 삼 개월 만에 그것도 서울 나들이를 하게 된 것이다. 마침 돈화문 가는 합승이 눈에 띄었다. 누님은 놀라서 깨었고 나는 오랜만에 쌀로 지은 집 밥을 배불리 먹었다. 아홉 시 반쯤 영등포역에 도착하니 거의 모두가 돌아와 있었고 열 시에 출발할 때는 전원이 돌아왔다.

미군 보충대에 도착하니 간단한 인원 파악을 한 후 모든 짐과 옷을 벗게 하고 샤워장으로 몰아넣었다. 샤워를 마치고 나가면서 군 생활에 필요한 개인용품을 지급하는데 참으로 놀라지 않을 수가 없었다. 모든 옷은 두벌씩 지급되었다. 그것도 지금까지는 접해보지 못했던 고급의 생활용품들이었다. 속내의부터 새 옷으로 갈아입고 나머지 물건들은 긴 자루처럼 생긴 더블백에 넣으니 그 큰 더블백이 가득 찼다. 부대 배치를 기다리며 이틀 정도 묵은 것 같았다. 그 사이에 몇몇 카투사 선임병들이 내무반으로 찾아와 은밀히 말하기를 천 원 정도만 쓰면 아주 좋은 곳에 배치시켜주겠다는 것이었다. 내 주머니에는 돈 천원이 들어있었다. 아주 좋은 곳이 어디인지도 모르겠고, 원체가 남을 잘 믿지 못하는 데다 그 부정이 마음에 들지도 않았다. 반응이 없으니 나중에는 오백 원만 써도 좋은 곳으로 보내주겠다는 것이었다. 그런 제의를 거절해서인지 나는 파주시 광탄에 주둔하고 있는 미 칠 사단 포 사령부로 배치되었다. 포 사령부에서 한 달 정도 대기 복무를 하다 파주시 적성면에 주둔한 백 오미리 포병대대 찰리 중대로 최종 배치되었다. 포병대대 본부는 법원리에 있었다. 미 칠 사단은 카투사 수가 적고 훈련의 강도가 높은 사단이라고 정평이 난 부대였다.

우리 중대는 임진강 근처인 파주시 적성면의 시골마을에 위치하여 북한군의 확성기 소리가 또렷이 들리는 최전방이었다. 배치가 되어 중대에 도착해보니 중대원 수가 칠팔십 명은 되는 것 같은데 나는 탄약 분대로 배속되었다. 분대원 수는 여덟 명이었다. 분대장은 프에르트리코 출신의 로드리게스 병장이었다. 상병 두 명, 일병이 세명, 이등병이 나를 포함해 두 명이었다. 부대 배치를 받고 제일 어려웠던 일은 언어 소통이었다. 영어공부를 할 만큼 했는데 미군들과의 의사소통이 잘 이루어지질 않았다. 그래도 다행인 것은 로드리게스 분대장이 나를 잘 돌봐주는 것이었다. 자기도 미군에 입대할 때는 영어를 잘하지 못해서 애를 먹었다는 것이었다. 한 달

정도 지나고 나니 동료 미군들과도 미숙했지만 의사소통이 되고 사이좋게 지내게 되었다. 특히 내 침상 옆에 침대가 있는 카터와 흑인인 테일러 일병은 나에게 아주 친절했다. 테일러는 중대장 운전병이었는데 나에게 중대장 지프차로 운전까지 가르쳐주었다. 물론 남들이 보지 않을 때이지만. 이렇게 분대원들은 나를 잘 대해주는 데 나는 항상 마음이 편하질 못했다. 그들의 생활이 우리 국민들의 생활과는 너무나도 큰 차이로 잘살고 있어서였다. 당시의 내 눈에 비친 그들은 조국의 통일을 가로막고 나라를 두 조각으로 갈라놓은 점령군으로 보였다. 우리나라가 굶주리는 것도 그들 때문인 것처럼 느껴졌다. 우리를 도와주러 왔다는 그 자체가 참을 수 없을 정도로 가증스럽게 느껴졌다. 당시의 나는 철저한 반미주의자였다. 매일 온갖 고기와 우유는 물론 온갖 종류의 주스를 얻어먹고 얼굴은 부옇게 살이 올랐으면서도 그들을 미워하는 마음을 품고 살았다.

더욱이 부대 주변의 빈민촌에는 미군들이 먹다 버리는 잔반을 몇 푼의 돈을 주고 사서 끓여먹으며 생계를 유지하는 사람들이 많았다. 식당에서 일하는 한국인 종업원들은 그들의 식재료를 잔밥통에 넣어 밀반출하는 경우도 있었다. 이런 일은 우리나라의 어려운 경제사정이 보여주는 비참한 풍경이었다.

일과가 끝나면 미군들은 저녁식사를 하고 일부는 클럽으로 가 맥주를 마시며 음악을 듣고, 다른 일부는 법원리로 외출을 나갔다. 반짝이는 네온사인으로 치장한 술집에서 팝송의 경쾌한 음률이 거리를 흥건히 적시며 흘렀다. 거리거리에는 짙은 화장을 한 여인들이 화려한 색깔의 야한 의상을 걸치고 일과 후에 외출 나간 미군들을 상대로 호객행위를 하는데 이상하게 여겨지지도 않을 정도로 일상적인 삶의 한 모습으로 보였다. 그리고 어떤 여인들은 미군 애인을 만나러 영내에 있는 클럽을 찾아오기도 했다.

당시의 미군들은 RA군번의 사병인 직업군인과 US군번의 사병인 의무병으로 구분되어있었다. 다수인 RA군번 군인들은 대부분 저학력이었고 소수인 US군번 군인들은 고졸 이상의 고학력이었던 것으로 기억된다. 일주일에 한두 번 정도 보초를 서는데 보초를 서기 전에 보초 검열 의식을 갖는다. 이 의식에서는 복장과 무기 수입 상태 그리고 보초 수칙 등 암기상태를 심사하는데 이 심사에서 1등을 하면 보초가 면제되고 밤 열시까지 당구대와 서가가 있는 휴게실 관리를 하면 되었다. 내가 이 심사에서 꽤 여러 번 1등을 한걸 보면 미군 사병들의 수준을 엿볼 수 있을 것이다.

상병으로 진급되고부터는 보초를 서는 대신 미군 상병 1명과 야간 정문근무를 섰다. 하루는 브라이언 상병과 정문초소 근무를 하는데 브라이언이 차고 있던 권총을 꺼내면서 권총은 아홉 발 클립을 끼워야 발사가 된다는 것이었다. 내가 한 발씩 넣어도 발사가 된다고 했더니 아니라며 한 발을 넣고 방아쇠를 당기는 것이었다. 큰 총소리와 함께 총알은 내 옆을 지나 현황판을 뚫고 시멘트 벽을 맞히고 납작해져 바닥에 떨어졌다. 큰 사고가 일어날 수 있었던 위험한 오발사건이었다. 한 밤중의 일이라 그냥 넘어가는 줄 알았는데 며칠 후 브라이언이 보이질 않아 미군 동료에게 물어보니 헌병대에 끌려갔다는 것이었다. 1년 후에 그는 일등병으로 강등되어 돌아왔다.

한 달이면 한번 정도 훈련을 나가는데 한탄강 건너의 운천지역에 있는 포사격장으로 간다. 그 외에도 엠 14 소총, 엠 60 기관총 그리고 3.5로켓포 사격훈련을 나가기도 했다. 상병으로 진급이 되고서는 45구경 권총 사격 연습도 했다.

당시의 우리나라는 식량사정이 아주 나쁠 때였다. 부대 주변에는 그들에게 의존해서 먹고사는 사람들이 많았다. 특히 사격훈련을 나가면 접근 금지구역인데도 위험을 무릅쓰고 탄피를 주우려고 숨어드는 사람들도 있었다. 한 번은 3.5인치 로켓포 사격연습을 나갔을 때의 일이었다. 사격 연습은 연습용 포탄으로 실시되는데 이 포탄은 크기와 모양은 똑같지만 터지지 않는 알루미늄으로 된

포탄이었다. 사격을 하면 포탄은 백여 미터쯤 날아가 떨어지는데 그곳에 숨어든 사람이 날라 오는 알루미늄 연습탄을 손으로 잡으려다 손목이 절단되는 사고가 생긴 것이었다. 그 알루미늄 덩어리의 값이 얼마 정도인지 나는 알 수 없다. 그러나 그들에겐 그 알루미늄 덩어리가 가족들의 생계를 위해 필요한 재화이었을 것이라는 생각을 하니 나 자신이 비참해짐을 느꼈다. 얼마간의 식량을 얻기 위해 목숨까지도 걸어야하는 삶이 당시에는 이상한 일이 아닐 정도로 우리의 생활은 참담했다.

일 년 육 개월이라는 군생활의 절반 이상을 미군부대에서 근무를 한 셈이다. 참으로 놀라운 면도 많이 목격을 했다. 특히 장교들의 바른 태도가 우리의 사고와는 너무나도 달라 이상하기까지 했다. 잦은 훈련 중에 본 일이지만 중대장과 소대장은 훈련 중에 철모를 벗는 것을 보지 못했다. 훈련이 끝나고 부대로 돌아오면 자기의 권총을 사병들과 같이 잘 닦아서 사병의 검사를 받고 무기고에 반납하는 것이 신기하기까지 했다. 사적인 일로 사병을 시키는 일은 결코 하지 않는 것이 미군의 상관들이었다. 그런 속에서도 상사의 정당한 명령에는 철저히 따르는 것이 그들의 엄격한 위계질서였다. 나를 놀라게 한 또 한 가지는 훈련을 나가다 한국군 장교를 만나면 미군 사병들은 정중히 거수경례를 하였다. 반대로 한국군 사병이 미군 장교를 보고 경례를 하는 경우는 본 적이 없었다. 당시만 해도 한국군 부대에서는 사병들이 잘못을 저지르면 체벌을 가하는 시대였다. 미군부대에서는 체벌이라는 말조차 없을 정도이다. 병사들이 규율을 어기는 큰 잘못을 저지르면 형사처벌을 받고 강등처분을 받는다. 강등은 계급이 낮아지고 보수가 깎이는 것으로 직업군인에게는 치명적이라 할 수 있다. 사소한 잘못을 저지르면 막사 페인트 칠을 하거나 호를 파는 일과 같은 노역을 시킨다. 노역 처분을 받은 병사는 감시하는 사람이 없어도 쉬지 않고 자기가 맡은 일을 끝마친다. 우리가 볼 때 참으로 신기할 정도였다.

카투사 생활은 미국이라는 나라를 미워하면서도 그들의 선진문화와 의식 수준을 배울 수 있는 좋은 기회이기도 했다. 또한 부정 청탁의 유혹을 물리치고 최전방에 배치되어 미군들과 생활을 하면서 영어로 의사소통을 할 수 있게 되었고, 그 지식으로 평생직장을 얻을 수 있었던 것도 나에게는 행운이라 할 수 있다. 어떻게 보면 불의에 편승하지 않은 것에 대한 하늘의 보상이 아니었나 하는 생각이 들기도 한다. 법원리를 찾아 과거 어려웠던 시절의 흔적을 더듬어보았지만 찾을 수는 없었다. 그러나 오십여 년 전 나의 미국군인들과의 생활을 회상해보며 나와 우리의 어제와 오늘의 삶을 반추해보는 뜻 깊은 시간이었다.

제2부
배우는 기쁨
가르치는 즐거움

인간이 잘 산다는 것은 금전적인 풍요나 지위의 높음에 있는 것이 아니다. 눈에 보이지 않는 진짜를 볼 줄 아는 안목이 있다는 것이 제일의 행복의 조건이 되는 것이다. 안다는 것 그것이 바로 행복이다.

배우는 기쁨
가르치는 즐거움

　우리 사회는 여전히 많은 문제를 안고 있지만 그런대로 민주화도 이루었고 경제발전도 이루었다고 본다. 오늘의 이와 같은 발전에 교육이 기여한 바가 크다는 것을 부인할 사람은 아무도 없을 것이다.

　그러나 급변하는 사회에 대처할 교육개혁의 절박성 때문에 의욕적인 개혁의 추진이 일부의 저항과 수정을 요구받기도 한다. 학생들은 변화하는 사회와 학부모의 자기중심적 자녀 교육관 사이에서 갈등과 혼란을 느끼고 있으며 교육개혁이라는 명분에 밀려 본의 아니게 교단을 떠난 교원들도 많았다. 노령의 퇴출 대상으로, 촌지에 눈먼 파렴치한으로, 폭력을 휘두르는 폭력교사로 매도당하며 정들었던 교정 사랑하는 제자들을 뒤로 부끄러운 발길을 돌려야만 하는 교원도 있었다. 이제 교사는 존경의 대상이 아니며 지식을 파는 노동자로 전락하여 비난의 대상이 되고 있지는 않은가 심히 걱정스럽기만 하다. 물론 이러한 모습은 과도기적 현상으로 보이긴 하지만 얼마간은 계속되지 않을까 한다.

　더욱 큰 문제는 교육의 초점이 경제논리를 앞세워 '한 가지만 잘하면 잘 살 수 있다.' 라는 방향으로 흘러 학생들의 학습의욕은 떨어지고 결과적으로 학력저하를 초래하고 있는 듯하다. 물론 한 가지만 잘하면 출세도 하고 경제적 풍요를 누릴 수도 있다고 본다. 이렇게 말하는 이들은 그 예로 성공한 소수의 체육 선수나 출세한 몇몇 직업인들을 거론한다. 그들의 입지전적 생활은 우리에게 감명과 교훈을 주는 것은 사실이다. 그러나 그들의 성공은 피눈물 나는 노력의 결실로 아무나 따라 한다고 이룰 수 있는 그런 성공이 아니라는 점이다. 또한 그들의 성공이 생활의 지표는 될 수 있을지 몰라도 교육이 지향하는 목표가 되어서는 안 된다는 생각이다. 더욱이 교육을 담당하고 있는 선생님들이 이런 생각으로 교육을 한다면 심각한 문제가 아닌가 하는 생각도 든다.
　선생님들은 교육의 진정한 목표가 무엇인가를 진지하게 생각해 보고, 교육자로서의 막중한 책무와 긍지를 느껴보는 시간을 가질 필요가 있다고 본다.

상수도가 있기 전에 우리는 지하 깊숙이 물이 나올 때까지 파 내려가 우물을 만들었다. 그리고 작은 함석 통을 긴 끈에 매어 물을 길어 올려 우리는 이를 마실 물로 사용하였다. 이 함석 통을 두레박이라고 했다. 두레박이라 한 것을 보면 아마도 처음에는 함석 통이 아니라 바가지였나 보다. 그건 그렇고 샘물이 깊으면 깊을수록 그 두레박으로 끌어올린 물은 여름에는 손이 시리도록 차갑고 반대로 겨울에는 꽁꽁 언 손을 녹여 줄만큼 따뜻했다. 참으로 신기하다고 생각하였다.

　지하의 온도는 지상의 온도만큼 크게 변화하지 않기 때문에 지하 깊숙이에서 퍼 올린 물의 온도는 일 년 내내 거의 같은 온도이다. 지상의 온도가 높은 무더운 여름에는 차게 느껴지고 지상의 온도가 낮은 추운 겨울에는 따뜻하게 느껴질 뿐이다. 오히려 주위 기온의 변화로 여름에 길어 올린 물의 온도는 더 높고 겨울에 길어 올린 물의 온도는 더 낮을 것이 분명하다. 이런 현상을 우리는 착각이라고 한다. 아이들이 '지하수의 물은 여름에는 차갑게 변하고 겨울에는 따뜻하게 변한다.'라고 한다면, 선생님은 이를 어떻게든 바르게 설명하여 착각을 교정해 주어야 할 것이다. 학생 모두가 이 같은 착각 현상을 옳다고 항변한다면 실험을 통해서 이를 깨우쳐 주어야 할 의무가 선생님에게 있고, 이를 깨우친 아이들은 이런 현상을 깨우친 것에 대해 행복함을 느낄 것이다.

이런 현상에 대한 깨우침, 즉 현상에 대한 올바른 깨우침으로 얻어진 넓은 안목으로 누릴 수 있는 행복한 삶이 좁게는 과학 교육의 목적이며 크게 보면 바로 교육의 목적이 아닌가 생각한다. "눈에 보이지 않는 것이 눈에 보이는 것보다 더 진짜다."라는 것을 믿도록 하는 것이 교육의 목적이라고 교육학자들이 말하고 있는 이유도 여기에 있다고 본다. 이 "눈에 보이지 않는 것이 눈에 보이는 것보다 더 진짜다."라는 말은 교육의 내면적 가치가 교육의 외면적 가치보다 중요함을 말하는 것이 아닌가 생각한다.

경제논리로 교육을 왜곡하는 이들의 잘못은 이러한 교육의 참뜻을 모르는 무지에서 나온 소치라고 생각한다. 인간이 잘 산다는 것은 금전적인 풍요나 지위의 높음에 있는 것이 아니다. 눈에 보이지 않는 진짜를 볼 줄 아는 안목이 있다는 것이 제일의 행복의 조건이 되는 것이다. 안다는 것 그것이 바로 행복이다. 수학의 피타고라스 정리가 돈 버는 것과는 하등의 관련이 없다. 아인슈타인의 상대성원리를 몰라도 살아가는 데 아무 지장이 없다. 용비어천가나 김소월의 시 한 수를 몰라도 이웃들과 대화하는 데 아무 지장이 없다. 그런데 왜 이러한 것들을 우리는 가르치고 또 배워야 할까? 경제논리 대로라면 학교는 왜 필요하며 교육과정은 왜 필요할까? 초등학교 1학년부터 한 가지 즉 장사하는 법이나 물건 만드는 기술이나 기계 조작하는 방법 등을 가르치면 되지 않을까? 또는 과학이면 과학 컴퓨터면 컴퓨터 한 가지만 가르치면 되지 않을까? 그렇게 하지 않는 이유는 잘 사는 가치 기준이 경제 논리에 있지 않기 때문이다.

물론 교육의 내면적 가치가 경제적 윤택한 생활과 전혀 무관한 것이라고는 보지 않는다. 눈에 보이지 않는 것을 볼 수 있는 넓은 안목을 가진 사람이라면 경제적으로 윤택한 생활을 하는 방법을 모를 리 없을 테니까 말이다. 그러나 눈에 보이지 않는 진짜를 볼 수 있는 안목을 가진 사람의 잘 사는 것에 대한 가치 기준은 경제적인 풍요에 있지 않을지도 모른다. 알렉산더 대왕이 사람들에게 현인이라고 존경받는 철학자 디오게네스를 찾아가 술통 밖에 나와 따사로운 햇살을 쬐고 있는 그에게 '원하는 것이라면 무엇이든지 다 줄 수 있으니 원하는 것을 말하시오.'라고 말했을 때, '딱 한 가지 부탁이 있소. 옆으로 비켜 서 주시오. 당신은 지금 따사로운 햇살을 가리고 있소.'라고 말한 디오게네스에게서 우리는 잘 사는 것에 대한 어떤 가치를 시사받을 수 있지 않을까 하는 생각이 든다.

선생님은 눈에 보이지 않는 진짜를 아이들에게 믿도록 가르치는 전문가이다. 의사는 환자를 보고 치료를 하고, 판사 검사 변호사는 범죄의 사실을 보고 사건을 처리하는 등 모든 여타의 전문가들은 표면에 나타나는 현상을 다루는 전문가이다. 교사의 직은 참으로 타 전문 직종에 비유할 수 없는 훌륭한 전문직이며 또 힘들고 어려운 직업이다. 어떻게 가르쳐야 보이지 않는 것을 진짜라고 믿을 것이며, 또 어떻게 그것을 믿고 즐거움을 느끼게 할 것인가?

이렇듯 선생님들은 타 직종에 비교할 수 없는 신성한 전문직을 수행하고 있는 것이다. 그렇기 때문에 선생님들은 다른 어떤 직업인보다 사실은 행복한 것이다. 위의 지하수의 온도처럼 때로 어떤 선생님은 자신이 잘 살지 못하고 타 직종에 종사하는 사람들보다 불행하다고 잘못 생각하는 경우도 종종 있다. '사슴을 쫓는 사람은 산을 보지 못하고, 황금을 쫓는 사람은 사람을 보지 못하는' 逐鹿者不見山 攫金者不見人 이치와 같은 것이다. 물론 때로 자신이 무척 작아 보일 때도 있다. 그러나 '나는 행복하다. 세상에 더 바랄 것이 없다.'라고 감히 말할 수 있는 사람은 없는 것 아닐까? 선생님은 잘 살고 있는 것이다. 그것을 보지 못하고 느끼지 못할 뿐이다. 선생님은 아이들이 잘 살게 하기 위하여 가르친다. 잘 사는 방법을 가르치고 또 잘 사는 방법을 배워 익힌 사람이 행복한 것은 당연한 논리이다.

프로크루스테스의 침대

얼마 전 TV에서 교육을 주제로 토론하는 모습을 보았다. 30여 년을 교직에 몸담았던 사람이라 다소 관심을 가지고 들었다. 그들의 이야기 중에 한쪽은 교육은 가치중립적이어야 한다고 하고 또 다른 한쪽은 교육은 가치 지향적이어야 한다는 것이다. 그들이 주장하는 교육의 가치라는 것이 무엇인지 잘 모르지만 주장하는 내용이 둘 다 옳은 것이 아닐까 하는 생각을 했다. 그런데 그들은 한 치의 양보나 타협의 노력 없이 일방적인 자신의 주장을 고집하고 있었다. 그리고 상대의 주의 주장에는 철저한 외면과 냉소만이 있을 뿐이었다. 나는 이들의 토론을 들으면서 희랍신화에 나오는 프로크루스테스의 침대가 떠올랐다.

「아테네로 가는 어느 한적한 길목. 아테네에 가려면 반드시 지나가야만 하는 이 길은 한 때 여행자와 우마차가 항상 넘쳐나곤 했었다. 그러나 지금은 해가 떠 있는 낮에만 지나갈 수 있는, 그것도 여러 사람이 무리를 지어 경계하며 지나가야 하는 무서운 길이 되고 말았다.

바로 길목을 지키며 온갖 나쁜 일을 일삼는 도둑 프로크루스테스 때문이었다. 악당 프로크루스테스는 밤길을 지나가는 나그네에게 친절하게 다가와 쉬어가기를 권하고 집에 초대하여 잠자리를 제공하는데, 그 잠자리라는 것이 곧 딱딱하기 이를 데 없고 차갑기가 얼음 같은 쇠로 만든 침대였다고 한다. 나그네를 강제로 그 침대에 묶은 프로크루스테스는 나그네의 몸길이가 침대보다 짧으면 몸길이를 늘려서 죽였고, 몸길이가 침대보다 길어 침대 밖으로 몸의 일부가 나오면 그 나오는 부분을 잘라 죽였다.

그 침대와 몸길이가 똑같은 사람만이 프로크루스테스로부터 목숨을 건질 수 있었지만, 사실 그런 경우는 거의 드물 수밖에 없었다. 그러나 이런 프로크루스테스의 악행도 결국 아테네의 영웅 테세우스에 의해 끝을 맺게 된다. 뿐만 아니라 프로크루스테스 자신도 그동안 그가 저질러왔던 방법과 같은 식으로 자신의 침대에 묶여 죽었다고 하니 아이러니가 아닐 수 없다.」

프로크루스테스는 곧 자기가 세운 일방적인 절대기준과 틀에 다른 사람들을 강제로 맞추려는 아집과 편견의 전형을 보여주고 있다. 자기 자신이 옳다고 하는 의식은 그것이 보편타당한 진실에 근거하고 있을 때 정당화될 수 있다. 모든 사물을 자기의 자로 재고 획일적으로 평가한다면 공동체의 사랑과 신뢰는 무너지고 자기 자신의 파멸까지도 초래하게 된다.

오늘의 우리 사회에는 어떤 절대적인 가치와 기준을 설정하고 거기에다 모든 현상을 끼워 맞추는 식으로 살아가는 사람이 많다. 자기의 주의 주장과 다른 이론이나 주장은 바로 악이요 타도의 대상으로 보는 시각의 극치를 이루고 있다. 타협이나 고려의 대상이 아닐 뿐 아니라 깊이 생각해보려는 자세 자체의 부정이다. 이는 집단적 이기주의로 발전하여 때로는 국민을 대상으로 또 때로는 국가나 국가기관을 대상으로 폭력적인 압박과 위협을 가하고 있다. 여기에는 지켜야 할 원칙이나 질서 같은 것은 필요가 없다. 자기의 이익이나 주의 주장만이 있을 뿐이다. 이야말로 프로크루스테스식 자기들의 침대에 모든 것이 짜 맞추어져야 하는 것이다. 그들의 침대에 맞지 않는 주의나 주장을 펴는 개인이나 집단은 죽어 없어져야 국가나 민족의 발전과 개혁이 된다는 편견과 아집이 극에 달하고 있다.

해방 후 우리의 역사 속에서 이러한 현상을 무수히 보아왔다. 그 역사 속의 주역들 중 어떤 이는 결국 권력의 줄을 놓지 못하여 자유

민주주의의 기틀을 마련하는데 공헌한 바가 있으면서도 야반도주하듯이 국외로 달아나기도 하고, 또 어떤 이는 경제발전과 조국 근대화를 위해 많은 업적을 남기고도 심복 부하의 흉탄을 맞고 쓰러지기도 하고, 또 어떤 이는 정의사회 구현을 외치며 국가 원수의 유고사태를 맞은 혼란을 수습하였으면서도 줄줄이 영어의 몸이 되기도 하였다. 이와 같은 독재의 시대를 벗어나서 드디어 진정한 민주주의의 개막으로 볼 수 있는 주권이 국민에게 있는 민주주의 정부가 이어지고 있다. 그러나 지금 우리는 참으로 어려운 또 다른 시련을 겪고 있다. 많은 사람들이 떼를 지어 자기의 주의나 주장이 옳다며 죽기 살기의 막무가내이다.

이제 독재정권 하에서 고통받고 핍박받았던 사람들이 힘을 얻는 세상이 된 듯하다. 그러나 한풀이는 또 다른 한을 불러와 한풀이로 이어지게 된다는 평범한 진리를 알아야 한다. 우리는 이 서글픈 역사의 교훈을 되새겨 한풀이식의 통치나 투쟁을 이제는 접어야 할 때라고 생각한다. 그러기 위해서는 우선 법과 질서 위에서 모든 일을 엄정히 처리해야 할 것이다. 내가 하는 불법이나 비리는 정당하고 남들이 저지르는 불법이나 비리는 용서할 수 없어 엄하게 응징해야 한다는 사고는 이젠 버려야 할 때이다. 한풀이의 악순환의 고리를 끊고 이성을 되찾아야 할 때이다. 원칙과 질서가 바로선 나라야만 민주 복지국가가 되는 것임을 알아야 한다.

　사람은 그 신체적 외형의 다름과 같이 사고와 행동 양식이 다를 수밖에 없다. 이들의 각기 다른 사고와 주의주장의 옳고 그름은 원칙과 질서를 지키면서 다수가 어떠한 형태로든 협의와 토론을 통해 그것을 공감하고 타협점을 찾아 결정에 이르도록 하는 것이 아닐까 생각한다. 또한 절대적인 가치와 진리가 뒷받침되어야 할 것이다. 이를 천편일률적으로 자기의 주장과 주의에 맞추려고 한다면 이는 독선이며 아집에 불과한 것이다.

　크고 작은 일에 관계없이 역사는 신화가 주는 교훈을 극명하게 보여주고 있다. 프로크루스테스가 자신이 저질렀던 똑같은 방법에 의해 최후를 마쳤다는 교훈 말이다. 이와 같은 일들이 핍박받았다는 한 가지 이유로 보복이나 한풀이식으로 이어진다면 이 또한 문제가 아닐 수 없다. 그러한 보복과 한풀이는 또 다른 프로크루스테스의 침대를 만들어낼 테니까 말이다.

　'네가 지금 옳다고 생각하는 것이 어제 네가 생각했을 때도 옳다고 생각했던 바로 그것이냐.' 열반에 든 전 조계종 종정 성철스님의 말이다. 속인인 나는 이 말이 진리에 대한 접근이나 가치 설정에 신중을 기하라는 뜻으로 남긴 말이 아닌가 생각한다.

우둔한 시인

복지관 앞에서 30분을 기다려도 버스는 오지 않았다. 그때에야 52번 버스가 오후 4시 이후에는 보건소 쪽 운행을 하지 않는다는 것을 기억해 냈다. 오늘은 복지관 종강을 하는 날이라 반주를 곁들인 식사를 했다. 평소에는 오후 3시가 조금 지나서 버스를 타는데 오늘은 4시 반이 넘었다는 사실을 까맣게 잊은 것이었다. 이렇듯 기억력이 점점 떨어져 가고 있다는 것을 느낄 때가 많다. 기억이 잘 안 될 때 가끔 백곡 김득신에 관한 이야기가 생각난다.

집에 돌아와 그에 관한 글을 찾아보려고 인터넷 검색을 해보았다. 인터넷 서핑을 하다 보니 사촌 형이 백곡의 시집인 백곡집과 백곡의 아버지 남봉공 김치의 심곡비결 등 몇 권의 고서古書를 증평 백곡 문학관에 기증했다는 기사를 읽을 수 있었다. 백곡과 그의 아버지에 관한 몇 편의 글도 접할 수 있었다. 아버지께서 들려주신 십 대조 할아버지 이야기이다.

그분의 호는 백곡이고 이름은 김득신이다. 백곡은 세상에 태어나 아주 어린 나이였을 때 무서운 전염병인 천연두에 걸린다. 병세는 악화되어 사망하게 되고, 당시에는 역병에 걸려 죽으면 인가에서 떨어진 산중에 매어다는 것이 풍습이었다. 죽은 아기는 이불에 쌓인 채 바구니에 넣어 하인에 의해 산중 높은 나뭇가지에 매달려진다. 가족들은 슬픔에 싸여 몇 날을 보냈다. 백곡의 아버지는 주역을 깊이 공부하여 사람의 타고난 운수를 잘 볼 줄 아는 당대에는 이름이 알려진 학자였다. 아버지는 아이의 죽음을 믿을 수가 없었다. 사주를 다시 확인해보았다. 분명한 것은 아이가 그렇게 일찍 죽을 운이 아니었다. 그는 하인을 불러 나무에 매달아 놓은 아이를 살펴보고 오라고 시켰다. 하인이 산에 올라 아이를 보니 아이가 살아서 새근새근 자고 있는 게 아닌가. 하인은 아이를 앉고 돌아왔고 병세가 호전되어 건강을 되찾았다. 하인에게서 얻은 자식이라고 이름을 얻을 득得 자와 신하 신臣 자로 지었다.

  이렇듯 어려서 천연두를 앓아서인지 아이는 저능아였다고 한다. 좀 영리한 아이들은 5세에 사서삼경을 읽었다고 하는데 10세에 겨우 글 읽기를 시작했다고 한다. 달리 스승을 두지 않고 그에게 글을 가르쳐 준 이는 아버지였다. 부제학과 경상감사를 역임한 아버지 심곡 김치金緻는 아들의 우둔함을 나무라기는커녕 오히려 사랑으로 다독여주었다. 그는 아버지의 가르침대로 꾸준히 노력하여 59세의 늦은 나이에 과거에 급제했다. 1만 번 이상 읽은 책이 36편이며 사마천의 사기에 나오는 백이전伯夷傳을 11만 3천 번을 읽었다고 하니 그의 책 읽기에 들인 노력이 얼마나 대단했는지 짐작할 수 있다. 그는 충북 괴산의 능촌리 방아재 강가에 취묵당을 짓고 거처를 충남 목천에서 취묵당 옆 초당으로 옮겨 자연과 벗하면서 살았다. 취묵당에서 글을 읽고 시를 쓰고 행복했다. 책을 억만 번씩 읽었다고 하여 취묵당을 억만재라고도 한다.

취묵당 정자가 선산 아래 강기슭에 위치하여 어린 시절 아버지를 따라 성묘를 가면 늘 들르던 곳이기도 하다.

취묵당에 올라보면 산을 등지고 있으며, 앞으로는 괴강 물이 유장하게 흘러내리다 정자 오른쪽에서 꺾이어 정자 아래로 흘러간다. 우리 조상들이 꼽았던 살기 좋은 배산임수의 자리임을 알 수 있다. 물이 풍부하고 뒤쪽의 산은 바람을 막아주고 땔감을 쉽게 얻을 수 있기 때문에 사람들이 좋아했던 집터의 모양이라 할 수 있다.

백곡이 지은 시 '용호龍湖'는 효종대왕이 두보나 이백의 시에 비길만하다고 칭찬했다고 한다. 그는 이 시에서 가을날 저녁 차가운

비가 내리고, 강에 풍랑이 일어 어부가 급히 배를 돌리는 모습을 노래했다. 이 시는 취묵당 정면 네 개의 기둥에 주련으로 걸려 있다.

용호龍湖

"차가운 구름 고목을 감싸더니 　古木寒雲裏
가을산에 하얗게 비가 내리네. 　秋山白雨邊
저녁나절 강에 풍랑이 일어 　暮江風浪起
　어부들이 급히 배를 돌리네. 　漁子急回船"

우둔했던 백곡栢谷 김득신金得臣이 그 시절에 최고의 시인이라는 평가를 받았다고 하는데 이는 그가 끊임없이 학문에 열중한 노력의 결과가 아니었나 싶다. 김득신은 자신의 묘비에 "재주가 남만 못하다고 스스로 한계를 짓지 마라. 나보다 어리석고 둔한 사람도 없겠지만 결국에는 이룸이 있었다. 모든 것은 힘쓰는데 달렸을 따름이다."라고 적고 있다.

백곡이 말년에 글을 읽던 정자 취묵당이 선산 옆에 있고 선산의 또 한편에는 백곡의 할아버지인 충무공 김시민 장군의 묘역인 충민사가 있다. 큰 이룸으로 이름을 역사의 기록에 남긴 조상 묘역과 흔적을 대하며 평생을 살았으면서도 아무것도 이루지 못한 채 평생을 덧없이 살아온 나 자신의 모습이 부끄러움으로 남는다.

애동지兒冬至

12월 중순 어느 날인가 보다. 경로당에 마실을 갔다. 할머니 한 분이 동지가 며칠이냐고 묻기에 나는 달력을 들춰보고 22일이라고 일러주었다. 그분이 음력으로는 며칠이냐고 묻기에 동짓달 초닷새라고 일러주었다.

"초닷새면 애동지구먼. 팥죽을 쑤지 말고 팥을 넣은 시루떡을 해야 하지 않아요?"

그 말에 사무장이 말을 받는다.

"그러지요. 팥고물시루떡을 한말 정도 하면 될까요?"라며 여럿에게 묻는다.

나는 동지를 음력으로 따지는 것이 이상해서 그 이유를 물어보았다.

"동지는 본디가 음력이니까 그러지요. 그래서 음력 동짓달 초순에 동지가 들면 애동지라고 하는데 귀신을 쫓는 팥죽을 쑤면 아이들을 지켜주는 삼신할머니가 못 온다고 생각해 대신 팥 시루떡을 해 먹었답니다."

"24절기는 음력이 아니라 양력인데요. 농작물은 햇볕을 받고 자라지 달빛으로는 자라질 못하지 않아요? 그래서 농사를 짓는데 태양의 기울기를 알아야 해서 양력으로 일 년을 십오일 간격으로 나누어 24절기를 만들었다고 합니다." "절기를 양력으로 보면 매년 같은 날이거나 하루의 차이밖에 나지 않아요. 음력으로는 매년 10일 이상의 차이가 납니다. 예로 동지는 양력으론 매년 12월 21일이거나 22일이지만 음력으론 12월 초순이기도 하고 중순이기도 하고 하순이기도 합니다."

나는 나름대로 자세히 설명을 했는데 절기는 음력이라고 믿고 있던 어르신들은 반신반의하여 확신이 가지 않는 모양이었다.

그리고 며칠이 지났다. 노인대학을 다니는 안 여사가 내게로 와서 "김 선생님! 노인대학 학장님이 절기는 음력에 따라 만들어진 것이 확실하다고 말하던데요."라고 말하는 것이다.

내가 한 말이 믿기지 않아 노인대학 학장에게 물어본 모양이다. 학장이 절기는 음력에 의해 만들어졌다고 말했고, 주변의 모여있던 다른 어른들도 그렇다고 말했다는 것이다. 앉아서 고스톱을 치던 여사님들도

"그리어, 음력이 맞다니까."

하며 동조를 한다. 어찌할 도리 없이 나는 아는 척 좀 하다 졸지에 우스운 꼴이 되고 말았다.

요즈음 나라는 가족이 온통 비리에 연루되어 겨우 한 달여 만에 사직한 한 퇴직 장관의 이야기로 시끄럽다. 그의 아내와 조카는 구속되고 동생은 수사 중이다. 서초동과 여의도에서는 수십만 명이 모여 그들의 구속이 잘못되었다고 시위를 하며 그녀를 사랑한다고 외치고 있다. 또 다른 쪽에서는 전 장관도 구속하고 대통령은 사과하라고 외치며 시위를 하고 있다.

구속된 전직 장관 부인은 자녀의 상장을 위조하여 대학입시에 활용했고, 불법 주식투자 의혹이 있으며, 증거인멸을 했다는 등의 범법행위로 구속되었다. 그녀의 범죄가 법원으로부터 확정된 것은 아니다. 그러나 많은 국민과 대학교수까지도 시위나 성명을 통해 그들의 범죄사실을 규탄하고 있는 것이 사실이다. 언론들도 범죄사실을 인정하는 쪽으로 기사를 내고 있다.

그러나 일부 법조인과 지식인 그리고 또 다른 많은 사람들이 다른 법률적 견해로 그들을 옹호하며 검찰을 규탄하고 있다. 이와 같은 혼란을 자초한 대통령과 집권당도 사과는커녕 이들의 의견에 동조하고 검찰을 압박하여 수사 자체를 어렵게 한다는 의혹까지 받고 있는 실정이다. 어느 한쪽에 잘못이 있는 것은 확실한데 어찌 이렇듯 알만한 지식인들이 한 치의 양보도 머뭇거림도 없이 극한 대치를 하고 있는 것일까?

나의 짧은 지식과 사고로는 이들에게 동조하거나 혹은 규탄하는 세력의 행태를 세 가지의 경우로 볼 수 있을 것 같다. 첫째는 전 장관 가족들이 전혀 범죄의 사실이 없는 경우이다. 이는 사건이 종료된 후에 분명해질 것이다. 둘째는 사이비 종교에 현혹되듯이 한쪽 편의 말에 영혼을 빼앗겨 무작정 지지 찬양하거나 비난하는 경우이다. 이 경우는 범죄사실의 유·무에 관계가 없는 인간의 정신적인 문제라고 볼 수밖에 없다. 셋째는 지지하는 이들이 그들 범죄행위에 연루되어 이를 은폐하려는 경우이다. 반대로 규탄하는 이들은 그들을 파렴치한으로 몰아붙여 어떤 반사이익을 얻으려는 것이 아닐까 한다.

나는 이즈막의 위와 같은 행태를 보고 참으로 혼란을 느낀다. 사실 확인을 해보려는 의지도 없이 일방적으로 자신의 생각이 옳으니 따르라는 일부 지도자들이나, 죄가 있고 없음은 절차에 따라 따져보면 될 일을 따져보기도 전에 자기들 편의대로 결정을 하고 그

결정이 옳다고 주장하는 많은 사람들을 어떻게 이해해야 좋을지 전혀 생각이 나질 않아서다. 이 사건의 결론은 옳거나 그르거나 둘 중에 하나이다. 어느 한쪽은 오류를 범하고 있는데 그 사실을 알지 못하거나 의도적으로 알기를 거부하고 있는 것일 뿐이다.

지구는 우주의 중심이며 천체는 지구를 중심으로 움직인다는 천동설을 뒤집고 갈리레오 갈릴레이는 지구가 태양의 주위를 돈다는 지동설을 주장한다. 이에 교회는 그를 유폐하고 재판을 하는데, 갈릴레이에게 자신의 생각이 잘못됐다고 공개적으로 인정하고, 재판정에서 다시는 지동설을 주장하지 않겠다고 말하면 풀어주겠다고 설득을 한다. 그는 재판정에서 그렇게 말하고 풀려나지만 재판정을 나오며 "그래도 지구는 돈다."라는 유명한 말을 남긴다.

그리고 '절기는 지구가 태양의 둘레를 한 바퀴 도는 데 걸리는 시간을 1년으로 한 양력 즉 태양력에 의해 만들어졌다.'는 것이 사실이라고 나는 믿고 있다.

묵논

논 한 뙈기를 물려받았다. 직장을 다니던 작은 누나가 시집가기 전에 벌어서 모은 돈으로 사들인 논으로 주변에서는 꽤나 부러워하는 고래실논(물 걱정을 하지 않아도 되는 논)이었다. 그 논은 우리 식구의 끼니 걱정을 해결해 준 귀한 땅이었다. 음병암 절벽을 끼고 도는 강가에 있는 갯밭을 팔아 누나는 시집을 보내고 대신 우리가 차지한 논이었다.

직장에 다니며 농사를 지을 수가 없어서 고향의 이웃에게 부치라고 내어주고 얼마간의 도지를 받아 식량으로 이용했다. 여러 해가 지난 어느 날 사촌 동생한테서 전화가 왔다. 그 논이 거칠고 농사를 지어도 거둘 것이 없는 묵논이 되어 도지를 물고는 부칠 사람이 없다는 것이었다. 그 무렵 나는 고향 근처의 직장으로 전근이 되어 관사의 방 한 칸을 빌어 살고 있었다. 사촌 동생과 상의를 하여 직접 농사를 짓기로 했다. 사촌 동생이 트랙터로 논을 갈고 써 레질을 한 후 이앙기로 모를 심어주었다. 모가 땅내를 맡을 때쯤 비료를 주고 제초제를 뿌렸다. 모가 싱싱하게 자라는 것을 보니 마음이 한없이 흐뭇했다. 퇴근을 하면 논으로 달려가서 물고도 봐주고 자라는 모습도 살펴보았다.

　모를 낸 지 한 달쯤 지났을까 한참 보기 좋게 자라던 모가 갑자기 생기를 잃고 시들어가는 것이었다. 논에 들어가 살펴보니 잡초가 하루가 다르게 자라나 논바닥이 잡초의 뿌리로 뒤엉켜 어린모가 뿌리를 내리지 못하고 있었다. 여러 해 동안 풀을 뽑아주지 않아 뿌리가 온 논바닥을 차지한 채 땅속에 묻혀 있다가 봄이 되면 싹이 트고 자라는 것이었다. 그 풀은 뿌리를 뽑아주지 않으면 모가 녹아버리고 자라지를 못한다고 했다.

　퇴근을 하면 논에 들어가 풀을 뽑기 시작했다. 일요일에는 거의 논에 가서 살았다. 얼마를 그리하고 나니 볏모가 생기를 찾고 골이 보이지 않을 정도로 우거졌다. 한 여름 뙤약볕 아래 논을 맨다는 것이 보통 힘든 일이 아니었다. 옷을 짜 입어야 할 정도로 땀을 흘리는 데도 옆 산골 도랑에서 씻고 나면 이상하리만큼 기분이 상쾌했다. 벼의 잎과 줄기는 매일 마실 물도 적당히 대주고 잡초도 뽑아주니 시원하여 뜨거운 태양 아래서 무럭무럭 잘도 자랐다. 한 여름이 지나고 나니 주변의 논들 보다 벼 포기들이 더 잘 벌고 어우러져 마음이 흡족했다.

'물은 마르지 않았나, 논둑은 터지지 않았나, 잡초에 시달려 시들어가지는 않나?' 하는 걱정으로 하루도 벼가 자라는 논배미를 둘러보지 않고는 배기질 못했다. 논둑에 앉아 싱그럽게 자라는 벼 포기들이 바람결에 잔물결을 일으키며 하늘거리는 모습을 보고 있노라면 온갖 시름을 잊고 마음은 더없이 평화로웠다. 농작물을 기른다는 것이 사람의 마음을 이렇게 즐겁게 해주는 줄 몰랐다. 뙤약볕 아래서 싱싱하고 활기차게 참 푸름을 보여주며 자라는 모습을 보고 그 매력에 빠지지 않을 수 없었다.

중학교에 다닐 때였다. 이십 여리 밖 시골에 사시는 큰아버지가 장에 오셨다가 저녁 늦게 우리 집엘 들르시면, 나는 큰아버지를 모시고 고향마을인 큰댁에 가야만 했다. 괴산읍에서 십 리쯤 가면 괴강 다리를 건너게 되고, 산길을 따라 작은 고개를 넘으면 검승리이다. 검승리에서 마을 왼쪽의 작은 산을 끼고돌면 공동묘지이고 길 옆에는 상여(사람의 시신을 옮기는 가마)를 넣어두는 곳집이 있었다. 산속 어디선가 '잃어버린 송아지를 찾으며 빗속을 헤매다 추위와 굶주림으로 죽어 새가 되었다'는 전설의 쏙독새가 송아지를 부르며 '쏙쏙 쏙쏙 쏙쏙 쏙쏙' 구슬피 울어댔다. 두려움은 극에 달하고 악마의 탈을 쓴 어둠이 머리카락을 움켜쥐고 잡아당기는 것만 같았다. 몸에는 식은땀이 흘렀다. 큰 아버지는 논길 밭길로 다니시며 농작물을 살피셨다. 제일 먼저 곳집 아래쪽에 있는 논의 물고를 보셨다. 그리고는 공동묘지를 휘돌아 문바위 쪽으로 갔다. 그곳에 있는 예닐곱 마지기의 논배미의 물고를 살피셨다. 약주를 꽤나 많이 드셨는데도 논둑길을 잘도 걸으셨다. 문바위 논을 둘러보고 큰길로 내려오면 사촌들이 호롱불을 밝히고 마중을 나와 있었다.

비록 작은 논 한 때기지만 내가 농사를 지어보니 장에 나오셨다 한 밤중에 돌아가시며 취중에도 여기저기 있는 논배미들을 둘러보시던 큰아버지의 마음을 알 것 같았다. 논의 벼 포기가 싱그럽게 자라는 모습을 보고 흐뭇해하셨을 큰 아버지의 얼굴이 떠올랐다. 그들과 함께 여름 한철을 보내니 어린 모가 자라 꽃을 피우고, 열매를 맺고, 황금빛을 띠며 익어갔다. 늦은 가을 유난히도 높고 푸른 하늘 아래서 콤바인으로 벼를 베어 탈곡을 하는 날이었다.

"이 논이 이 근방에서는 소출이 제일 많은 것 같구먼.""소출이 나지 않는 묵논이라고 아무도 부치지 않는다고 하였는디.""김 선생 억척에 논이 감동을 했나벼어."

친구의 말처럼 나는 그들에게 온갖 정성을 쏟아부었다. 그러나 내가 쏟은 사랑보다 그들이 내게 준 즐거움이 훨씬 더 컸다. 큰 정도가 아니라 열 배 백 배 부풀려 받는 염치없는 사람이 된 것만 같았다.

마을 어른들이 '땅은 정직한 것이여."사람의 눈은 속여도 땅은 속이지 못한다니까.'라고 하시던 말씀이 귓전을 울렸다.

시인의 부끄러움
충신의 부끄러움

「주周나라 무왕은 혼란에 빠진 은殷나라를 쳐 들어가 차지하게 된다. 혼란이 가라앉으니 온 나라 사람들이 그를 우러러보게 된다. 그러나 백이와 숙제는 조국인 은나라의 멸망을 막지 못한 것이 부끄러워 주周나라의 관직을 뿌리치고 수양산首陽山으로 들어가 고사리를 뜯어먹으며 살다가 끝내 굶어 죽었다.」

이렇게 해서 백이·숙제 형제는 중국뿐 아니라 우리나라에서도 충신 하면 떠올리는 인물이 되었다.

궁형(죄인의 생식기를 없애는 형벌)이라는 참혹한 형까지 받은 태사공 사마천은 하늘이 옳고 그름을 가려 심판해 준다는 말을 믿을 수가 없었다. 깊이 생각한 후에 거짓과 위선으로 가득 찬 이 세상에서 착함과 악함을 그리고 옳고 그름을 바로 드러내어 후세 사람들이 이런 일을 거울삼아 잘못을 저지르지 않고 조심하도록 기록을 남기게 된다. 이것이 불휴의 명작인 사기史記인 것이다. 위의 백이·숙제 전은 사마천의 사기에 나오는 이야기이다.

조선시대의 충신인 성삼문이 중국을 방문했을 때 수양산을 지나다 백이·숙제의 묘 앞에서 시를 한수 지어 올린다.

'그때에 말고삐 당기며 감히 잘 못을 말하니
큰 의로움이 당당하여 해와 달처럼 빛났도다.
풀과 나무도 주나라 비와 이슬에 젖어 자란 것
그대가 수양산 고사리를 먹는 것도 부끄럽도다.'

임금이 잘못을 저지르지 못하도록 말리는 백이·숙제의 용기 있는 충성을 훌륭하다고 칭송하면서도, 무왕이 나라를 빼앗아 천하를 통일했는데 죽지 못하고 주나라의 비와 이슬을 먹고 자란 고사리로 연명한 백이·숙제를 꾸짖기도 한 것이다. 전해지는 말에 의하면 그 시를 백이·숙제의 비석에 부치니 비석이 부끄러워 땀을 흘렸다는 말이 있다. 이처럼 추앙받고 있는 백이·숙제와 같은 만고의 충신도 죽은 영혼이 되어 자신의 작은 잘못에 땀을 흘리며 부끄러워했다는 것이다.

요즈음 우리 사회는 어떠한가. 학식 있는 사람과 지도층의 인사들이 잘못을 저지르고도 도무지 부끄러워 할 줄을 모른다. 지도자를 따르는 사람 중에도 그의 잘못된 행보에 대해 고치라고 말해줄 용기 있는 사람도 없는 것 같다. 적극적으로 동조하고 아첨하는 것이 나라사랑이며 충성이라고 생각하는 것 같다. 백이와 숙제 형제처럼 잘못을 잘못이라고 말해주는 사람이 있어야 지도자도 살고 모두가 잘 사는 건전한 사회로 발전하게 될 텐데 참으로 안타까운 일이 아닐 수 없다.

그래도 요즈음 자신이 저지른 작은 잘못을 참기 어려운 부끄러움으로 여겨 자진自盡을 한 사람도 있다. 잘못을 저지르고 죽음으로 속죄하는 모습을 보면 마음이 아프고 안타까운 마음이 든다. 다른 어떤 부류의 사람들은 그보다 훨씬 더 큰 잘못을 저지르고도 뻔뻔하게 큰소리치며 부끄러워할 줄을 모르고 잘 살고 있는데 말이다. 자신의 작은 잘못을 부끄러워하고, 범죄인으로 조사받는 것을 수치로 느끼는 사람들을 볼 수 있는 사회였으면 좋겠다.

그렇다고 죽음으로 속죄하는 이들을 추앙할 일은 결코 아니다. 그것은 범법 자체를 정당화하고 미화하는 일이 될 뿐이다.

사람이 살다 보면 누구나 부득이하게 또는 본의 아니게 잘못을 저지를 수도 있고 법을 어길 수도 있다. 잘못을 저지른 사람이 잘못을 인정하고 깊이 반성을 한다면 우리는 그의 죄를 너그럽게 용서하려고 한다. 그러나 잘못을 저지르고 부끄러워하기는커녕 더 당당한 그런 뻔뻔한 사람도 있다. 또 그 잘못의 정도가 심하고 의도적이며 악랄할 때도 있다. 이런 경우에 사람들이 그들을 싫어하고 증오하는 것은 당연한 것이다.

수양산 고사리를 뜯어먹고 연명하다 굶어 죽은 만고의 충신인 백이·숙제는 수양산 고사리도 주나라 것임을 일깨워주자 부끄러워 비석이 땀을 흘렸다고 한다. 백이·숙제의 부끄러움을 생각하다 보면 시인 윤동주가 떠오른다.

'부끄러움'이란 말은 윤동주의 시속에 흐르는 그의 마음이며 얼이다.

윤동주는 그의 쉽게 씌여지는 시에서 '인생은 살기 어렵다는데/ 시가 이렇게 쉽게 씌어지는 것은/ 부끄러운 일이다.'며 나라 잃은 삶 속에서 시가 쉽게 써지는 것도 부끄럽다고 했다. 그의 시 참회록에서는 '파란 녹이 낀 구리거울 속에/ 내 얼굴이 남아 있는 것은/ 어느 왕조의 유물이기에/ 이다지도 욕될까.'라며 나라 잃은 것을 자신이 부끄러워하고 있다. 그리고 부끄러운 녹슨 구리거울을 '밤이면 밤마다/ 손바닥으로 발바닥으로 닦아보자' 고 한다.

하늘을 우러러 한 점 부끄러움 없이 산다는 것은 불가능한 일일지 모른다. 그래도 시인은 '죽는 날까지 하늘을 우러러 한 점 부끄럼이 없기를' 간절히 소망하고 있다. 우리가 어찌 그의 부끄러움을 헤아리고 따라 할 수 있을까?

잘못을 저지르면 부끄러워하고 수치를 느낄 줄 아는 밝고 맑은 아름다운 그런 사람들이 사는 사회이었으면 좋겠다. 그리고 하늘의 도리라는 것이 있을 거라고 믿는다. 하늘의 그물이 짐승의 마음으로 부끄러워할 줄 모르는 이들을 결코 놓치지 않는다는 아주 단순한 진리를 믿고 싶다.

미국과 캐나다
연수를 마치고

　10월 3일로 예정된 미지의 대륙 미국과 캐나다 해외 연수! 믿어지지 않는 일정은 다가왔다. 설렘과 두려움 속에 얼떨떨한 기분으로 김포 국제공항에서 출국 수속을 밟고 기내에 오른 것은 오후 5시 30분, 수백 명의 사람과 그들의 짐을 실은 거대한 비행체가 하늘을 가르고 비행을 시작한 것이다. 만 m의 고도에 시속 800 내지 1000km 속도로 나르는 기내에서 좁은 좌석에 앉아 15시간의 비행시간은 더욱 정신을 혼미하게 만들었다.

1) 나이아가라, 신의 위대한 창조여!
　첫 행선지인 캐나다의 토론토 국제공항에 도착한 것은 현지시간으로 같은 날 오후 7시 35분이었다. 저녁에 서울을 떠나 15시간을 날아왔어도 태양은 아직 지평선 너머에 걸려 있으니 타임머신을 탄 기분이 들었다.

　대기하고 있는 버스로 토론토 시내 호텔로 가는 동안 끝없는 지평선을 가르며 잘 닦여진 도로망과 온타리오 호수를 끼고 꾸며진 아름다운 도시는 한 폭의 그림이라고나 할까?

　다음날 아침 일정은 The Great Lakes College of Toronto의 방문이었다. 학생 수가 150명 정도의 소규모 사립 고등학교로 주로 해외에서 이주해 온 학생들에게 대학과 전문대학 진학 지도를 위주로 하는 학교였다. 학교 방문을 마치고 캐나다에서 빼놓을 수 없는 세계적인 관광지인 나이아가라 폭포 관광 길에 올랐다. 버스 편으로 호수인지 바다인지 알 수 없는 온타리오 호수를 끼고 달리면서 폭포까지 가는 도중 캐나다의 유수 기업 중의 하나이며 캐나다 정부의 특별 지원까지 받으며 세계 기업으로 성장하고 있다는 한국의 해외기업 삼미 특강 공장을 지나며 뿌듯한 감회를 느꼈다.

　높은 지대에 위치한 이리호의 물이 나이아가라 강이 되어 낮은 곳의 호수 온타리오 호수로 흘러들기 직전에 1km에 이르는 넓은 강폭, 거기에 56m 높이에서 매분 1억 6천만 리터 이상의 엄청난 물이 떨어지며 만들어내는 대 폭포가 나이아가라 폭포라는 가이드의 실감 나지 않는 설명을 들으며 현지에 도착하였다. 버스를 내리는 순간 너무도 웅장한 물보라와 천둥을 치는 듯 한 물소리가 나를 압도하고 말았다. 물 떨어지는 소리는 7만 6천 개의 트럼펫을 동시에 불어대는 소리와 같으며 물의 낙차를 이용한 수력 발전량이 4백만kw라고 하니 가히 손색없는 세계적 관광 명소가 됨직하다. 맑고 유난히도 파란 엄청난 폭포의 물이며, 자욱한 물안개, 그 물안개가 이루어 내는 오색찬란한 무지개는 연간 천사백만 명의 관광객이 찾아드는 대 관광지다운 면모 그것이었다. 이 같은 대 관광지이면서 잘 보존된 원시림 숲이며 잘 다듬어진 넓디넓은 잔디 초원과 화원은 참으로 잘 어울리는 자연이 이루어 낸 아름다움의 진수이었다.

나이아가라 폭포를 뒤로 다음 행선지인 워싱턴 D.C.로 향하는 기내에서 광활한 평원에 펼쳐진 들과 숲과 호수의 나라 캐나다를 내려다보며 생각에 잠겼다. 신의 축복을 받은 천혜의 땅에 인간의 아름다운 마음이 다듬어 가꾼 결코 훼손되지 않은 참으로 아름다운 땅이라고.

2) 자유와 평화 속에 역사를 만드는 도시 워싱턴

워싱턴에서 제일 먼저 방문한 곳은 제퍼슨 기념관이었다. 버지니아 주지사, 부통령 그리고 미국의 세 번째 대통령으로 많은 훌륭한 업적을 남겼던 토머스 제퍼슨의 기념관은 그가 유명했던 건축

가였음에 걸맞게 고전적 건축양식을 최대한 살린 기념관이었다. 제퍼슨의 동상은 1.8미터의 검은색 화강암 위에 높이 5.8미터의 서있는 모습으로 멀리 백악관을 주시하고 있다고 한다. 그리고 동상 주위 벽면에는 사면에 걸쳐 그의 명언들이 적혀 있는데 독립선언문의 한 구절 '정신의 자유, 육체의 자유, 인간의 교육에 대한 평등'에 관한 글들이 새겨져 있었다.

다음으로 방문한 곳은 알링턴 국립묘지였다. 국립묘지 안에는 세 곳의 명소가 있는데 남북전쟁 때 남군의 총사령관이었던 Lee 장군의 저택(Custic Lee Mansion)이 그 하나이고 다음은 케네디(John F. Kennedy)의 묘와 '영원히 꺼지지 않는 불꽃' 그리고 하얀 십자가가 꼽힌 케네디 동생의 묘와 그 앞에 있는 '영원히 마르지 않는 물'이었다.

링컨 기념관도 워싱턴의 명소 중의 하나였다. 링컨은 남북전쟁과 노예해방으로 유명한 16대 대통령이었다. 대통령의 조각은 오른쪽에서 보면 펴진 손과 더불어 미소 짓는 자비로운 모습으로, 왼쪽에서 보면 불끈 쥔 주먹과 분노하고 있는 모습으로 보인다고 한다. 동상의 남쪽에는 게티즈버그 연설문이, 위쪽에는 노예의 참된 자유를 표현한 천사와 함께 정의와 부도덕을 상징하는 무리의 벽화가 그려져 있다.

그 외에 워싱턴 D.C.에서 볼만했던 곳은 스미스소니언 박물관 단지, 백악관, 국회의사당, 근교에 위치한 루레이 종유동굴 등이었다. 스미스소니언 박물관 단지에 있는 우주항공사를 한눈에 볼 수 있는 우주항공 박물관과 우주의 생성과 인간의 생활사와 발달과정을 세계 각 지역별로 재현해 놓은 자연사 박물관은 특히 인상적이었다.

세계 정치의 중심지인 미국의 수도 워싱턴 D.C. 대통령의 저택 백악관 앞에 있는 라파엘 공원에서는 거지들이 오수를 즐기고, 세계 주요 정책 결정의 요새인 이 도시는 주말이라 그런지 푸른 잔디와 울창한 숲 속에 잘 가꾸어진 거대한 아름답고 한가한 정원 같다는 느낌이었다. 또 한편으로는 짧은 역사이긴 하지만 역사유물을 잘 보전하며 새로이 역사를 창조하려는 미국인들의 의지가 엿보이는 도시이기도 했다. 이틀간의 일정을 마치고 10월 5일 오후 7시 30분 라스베이거스로 떠났다. 세계적인 도박의 도시 라스베이거스는 또 어떤 모습일까 머리에 그리면서….

3) 라스베이거스, 위대한 인간의 의지

꽉 짜인 일정에 피곤함을 느끼며 잠시 잠이 들었나 보다. 옆에서 나는 탄성에 눈을 떴을 때 비행기는 착륙을 위해 고도를 낮추고 있었다. 비집고 차창 밖을 내다보니 검은 대륙에 현란한 네온으로 불야성을 이루고 있는 거대한 도시가 눈에 들어온다. 리비에라 호텔 체크인을 마친 후 저녁엔 미라지 호텔의 화산 쇼, 시저스 호텔의 궁전 쇼, 다운타운의 300만 개의 공중 전기 쇼 등 호텔마다 독특하게 고안된 환상적인 쇼들을 구경할 수 있었다. 라스베이거스는 애리조나의 콜로라도 고원과 캘리포니아의 모하비 사막 사이의 황량한 사막 위에 세운 도시이다. 사방이 풀한 포기 나무 한 그루 자랄 수 없는 사막 위에 네바다 주의 재정적 자립을 목적으로 연방정부의 지원을 받아 인위적으로 세워진 도시라고 한다. 넓디넓은 사막 위에 세계 최고를 자랑하는 객실 수가 2천 내지 5천이라는 수많은 최고급 호텔들, 호화의 극을 이루는 도박장이며 인공적으로 가꾸어놓은 나무와 잔디의 정원이며 때맞추어 분무되는 스프링클러, 밤마다 불야성을 이루는 네온사인은 상상을 초월한 그것이었다. 호텔마다 최고의 서비스로 관광객을 대하고 세계에서 가장 저렴한 숙식비는 한편 미국인의 경제적 이기체리를 배울 수 있는 계기이기도 했다. 이런 환락의 도시이면서 아무 곳에서나 술을 마실 수 없고, 퇴폐 행위를 금하고 있으며 또 잘 지켜지고 있다는 말을 듣고 선진국의 무질서 속의 참 질서를 느낄 수 있었다. 주변 관광을 위해 4일간 라스베이거스에 머물면서 나는 무한한 인간의 가능성과 위대한 힘을 다시 한번 깨달았다.

4) 그랜드 캐니언, 20억 년 세월이 이룬 장대한 불가사의

다음날 아침 우리는 브라이스 캐니언(Bryce Canyon) 국립공원으로 갔다. 한여름 같은 더위 속에 네바죠 사막을 가로질러 몇 시간을 달렸나 보다. 사막의 끝쯤 되었을까 작은 마을이 나타났다. 이곳의 작은 식당에서 점심을 먹고 또 몇 시간을 달려 당도한 곳이 브라이스 캐니언이었다. 붉은 바위들이 뾰족뾰족 솟아 있는 것이 나무들과 더불어 하나의 광활한 숲을 이루고 있었다. 마치 불꽃들이 춤을 추는 광경인데 바위기둥 하나하나가 제각기 예술 작품이다.

유타 주의 작은 마을인 케납에서 하루를 묵고 자이언 국립공원으로 향했다. 자이언은 유타 주 남부의 평원을 버진 강이 오랜 세월 침식하여 형성된 계곡으로 강 양옆으로 100여 미터 이상 되는 절벽과 바위가 사이사이의 사막지대의 특이 식물들과 어우러져 웅장함을 뽐내고 있었다.

라스베이거스로 돌아와 다음날 아침 말로만 듣던 그랜드 캐니언을 가기 위해 비행장에 도착 7-8인용 경비행기에 올랐다. 그랜드 캐니언까지는 비행기로 한 시간 거리로 먼 거리이기도 하거니와 캐니언의 범위가 너무 광활하기 때문에 비행기로 관광을 하는 게 보통이라고 한다. 그랜드 캐니언을 향해 비행을 시작한 지 얼마 안

되어 세계적인 명소 후버댐과 미드호가 물살을 가르는 관광선을 품은 채 유난히도 푸르게 내려다 보였다. 럭키 산맥에서 발원하여 애리조나로 흘러내리는 콜로라도 강이 20억 년의 세월에 걸쳐 대지를 침식하여 만들어낸 거대한 계곡은 라스베이거스에서 그랜드 캐니언 국립공원까지 비행기로 1시간 걸리는 길이이며 계곡의 깊이와 넓이의 방대함은 세계 제일의 불가사의라는 이름에 걸맞은 바로 그것이었다. 그랜드 협곡 밑에서부터 윗부분까지에는 6개의 기후대가 존재한다고 하니 가히 그 웅대함을 알 수 있을 것이다. 그랜드 캐니언을 관광하기 전에 관람한 아이맥스 영화는 콜로라도 강과 주변 인디언들의 역사를 실감 나게 보여주었다.

5) 첨단 기자재와 조직적으로 지원되는 자료실을 갖춘 학교

마지막 날 오전 라스베이거스시의 한 공립 고등학교(Clark High School)를 방문했다. 학생수가 2007 명인 큰 학교로 교장은 일본계 미국인이었다. 교장은 한국계 학생들이 학교를 빛내주는 우수한 학생들이라고 칭찬을 해 주며 한국계 학생 8명으로 학교 안내를 해주도록 배려를 아끼지 않았다. 학교 건물은 단층으로 냉방이 잘 되어 있었으며 대충 둘러본 중 특기할만한 곳은 과학실이었다. 한가운데 자료실이 있고 그 주위에 화학실, 물리실, 생물실, 지학실 등 과학과 관련된 학과 교실이 둘러 있는데 모든 교실은 자료실로 통하여 자료실에 필요한 자료를 의뢰하면 모두 준비해준다고 한다. 그 이외의 교과들도 수업에 필요한 자료 즉 컴퓨터용 자료 VTR자료 등을 수업 전에 자료실에 부탁하면 교실에서 간단히 활용할 수 있도록 준비해준다고 한다. 또 한 곳은 도서실로 넓은 공간에 많은 서가와 다량의 도서가 비치되어 있어 나에게는 부러움이었다. 그 외에 자동 이동식 스탠드가 있는 실내 체육관 또한 잊을 수 없는 시설 중의 하나였다.

6) 하늘이 준 아름다운 자연을 인간이 꾸며 가는 섬 하와이

라스베이거스를 떠나 L.A.에서 비행기를 갈아타고 5시간 비행 후 호놀룰루에 도착한 것은 오후 7시 30분이었다. 기다리고 있던 가이드가 꽃목걸이를 목에 걸어주며 '알로하'(안녕하십니까?)라고 하며 인사를 하였다.

와이키키 해변 가에 자리 잡은 비치캄버 호텔에 투숙, 다음날 방문한 곳은 Kaimuki High School이었다. 학생 수는 1500명 정도이며 여교장은 특별활동이 활성화되어있음을 강조하였다. 교장과 교감이 바쁜 일정 중에도 학교 구석구석을 보여주며 설명을 해주는 친절을 베풀어주었다. 특히 여학생들이 특별활동으로 군사훈련을 하기 때문에 교련실도 마련하였다며 자랑스럽게 소개를 하여

의아한 생각이 들었다. 넓은 수영장과 남녀별 탈의실, 넓은 공간의 실내며 복도에 잘 정돈된 사물함이 인상적이었다. 오아후 섬에서 3일을 머물며 우리는 이곳의 명소인 바람의 언덕, 펀치볼 국립공원, 하와이 마지막 왕의 이올라니 궁전, 진주만, 하와이 고유의 민속촌, 사탕수수와 파인애플 농장 등을 견학하였다. 세계적으로 유명한 3km에 달하는 와이키키 해수욕장이 모래를 퍼다 부어 만든 인공 해수욕장이라는 말과 고지대 주택가의 넓은 진입로가 보이지 않도록 설계하여 자연경관을 살렸다는 말을 듣고 관광 수입을 위한 고려이려니 생각하면서도 자연을 사랑하고 가꿀 줄 아는 이들이 존경스럽게 느껴짐은 웬일일까?

2주간의 미국과 캐나다 해외 연수를 마치고 대한항공 KE 051기로 귀국하면서 10시간여를 비행기 속에서 생각해 보았다. 과연 나는 무엇을 얻고 돌아왔는가? 코끼리의 다리 한 번 슬쩍 만져보고 코끼리가 어떻다고 말할 수는 없으리라. 그러나 막연하지만 절실한 그 무엇이 내 마음을 무겁게 하고 있다. 어디엘 가나 푸르고 울창한 숲, 잘 다듬어진 넓디넓은 잔디밭, 맑고 푸른 강과 호수와 내, 오염되지 않은 맑은 공기를 생각하면서! 밝은 표정으로 항상 미소 지으며 친절한 봉사를 아끼지 않는 관광버스 기사와 호텔 종업원을 머리에 떠올리면서! 어디에서나 마음 놓고 마실 수 있는 맛 좋은 수도 물을 그려보면서! 사람의 그림자만 보아도 멀리서 멈춰 서서 사람이 길을 건너기를 기다리는 한가한 자가 운전자들을 그려보면서! 기내에서나 버스 속에서나 호텔에서나 식당에서나 조용히 자기 일에 열중하며 남을 배려하는 태도를 느껴보면서 그 무엇이 나의 머리에 많은 생각을 떠올리게 하는 그런 연수이었다.

백로는 개구리를 좋아한다

초등학교 다닐 때 겨울방학 어느 날이었다. 안방 아랫목엔 아버지가 앉으시고 윗목에는 군대에 간 형님을 빼놓고 누나 둘 여동생 둘 그리고 나 다섯 명이 질화로를 중심으로 둘러앉아있었다. 아버지의 이야기를 듣기 위해서였다. 오늘 이야기의 제목은 '백로는 개구리를 좋아한다, 蛙利鷺'였다. 아버지가 이야기를 들려줄 때에는 이야기를 듣는 우리보다 이야기를 하는 아버지가 더 진지하셨다.

「조선시대 숙종대왕 때의 이야기이다.
임금은 밤중에 민생을 살피러 남산 밑의 가난한 선비들이 사는 마을을 둘러보았다. 한집에서 들리는 선비의 글 읽는 소리를 듣고 있는데, 글을 읽다 말고 통곡을 하고 또 글을 읽곤 하는 것이었다. 선비의 이상한 행동이 궁금하여 그 집을 찾아 들어가서 초가집 창문 틈으로 방안을 살펴보니 희미한 등잔불 아래 선비는 상투를 천장에 매달아 놓고 글을 읽고 있었다. 임금은 문을 두드리며 잠시 쉬어 가기를 청했다. 주인이 허락하여 들어가니 불을 때지 못한 듯 방바닥이 얼음장같이 찬데 벽에는 선비가 쓴 글인 듯 시 한수가 걸려 있었다.

"유한당년무이와 唯恨當年無二蛙 즉 마땅히 때를 만나도 개구리 두 마리 없는 것이 한이 된다."는 말인데 글 꽤나 읽었다는 임금님도 그 글의 뜻을 알 수가 없었다.

"여보시오 선비, '마땅히 때를 만나도 개구리 두 마리 없는 것이 한이 된다.'니 저게 도대체 무슨 뜻이오?"

"제가 과거를 몇 번이나 보아도 낙방만 하기에 제 심정을 적어둔 글로 부끄러운 이야기입니다."

선비는 한숨을 길게 내쉬며 다음과 같은 이야기를 하는 것이었다.」

「옛날 어느 산골에서 까마귀와 꾀꼬리가 노래자랑을 하고 있었습니다. 둘이 서로 제가 잘한다고 자랑을 하는데 판결이 나질 않습니다. 그래서 둘은 다음날 백로에게 가서 심판을 받기로 하였습니다. 집으로 돌아가는데 까마귀가 가만히 생각을 합니다.

노래 실력이 꾀꼬리만 못한 것을 자신도 잘 알고 있으니까요.

이때 와이로蛙利鷺 즉 '백로는 개구리를 좋아한다.'라는 말이 생각 났습니다. 집으로 가는 길에 까마귀는 개울을 한 바퀴 돌아 양발에 개구리 두 마리를 잡았습니다. 그리고 백로의 집을 찾았습니다. 백로가 어쩐 일이냐고 묻습니다. 까마귀는 '개울을 건너다보니 먹음 직스러운 개구리가 보여 개구리를 좋아하시는 백로님이 생각이 나서 잡아왔습니다.' 그리고는 아무 말 없이 집으로 돌아갔습니다. 다음날 까마귀와 꾀꼬리는 백로를 찾아가 노래 시합을 합니다. 먼저 꾀꼬리가 노래를 부릅니다. 꾀꼬리는 자신을 갖고 노래를 한창 열심히 부르는데 백로는 종을 '땡' 치며 "아름답고 아름다우나 그 소리가 요망스럽다."하고 중도에 탈락시킵니다.

　다음은 까마귀 차례. 까마귀란 놈은 배를 쏙 문지르고 거만하게 자리에서 나와, '까욱 까욱'하고 노래를 합니다. 꾀꼬리는 무슨 저런 노래가 있을까 하고 백로의 판정을 기다리는데 까마귀의 노래가 끝나자 백로는 '딩동댕' 종을 치며, "쾌활하고 쾌활하다. 그 소리 참으로 장부답다."하고서는 까마귀를 승자로 뽑아줍니다.

　이런 억울할 데가 어디 있습니까. 꾀꼬리는 개구리 두 마리로 백로의 환심을 사지 못한 것이 한이 될 수박에 없는 것입니다. 겉 희고 속 검은 백로란 놈이 개구리 두 마리 얻어먹고 꾀꼬리를 밀어내고 까마귀의 손을 들어준 것입니다.」

임금님은 이야기를 듣고 나서 선비와 대화를 나누어보니 학식이 대단하였다. 임금은 선비에게 3일 후에 임시 과거시험이 있다는 방이 붙은 것을 보았다며 그 선비에게 한번 보라고 권했다. 선비는 과거시험에 참가했는데, 시험문제가 "유한 당년 무이와"를 설명하라는 것이었다. 이 글을 설명할 수 있는 사람은 그 선비 밖에 없었다. 당연히 장원급제하여 중히 쓰였다고 한다.

이야기를 마친 아버지는 취직이나 승진을 하려고 힘 있는 자에게 바치는 뇌물을 '와이로蛙利鷺'라고 하는 것도 여기에서 유래한 것이라고 말씀하셨다. 우리는 와이로를 일본말로 알고 있다. 그런데 참으로 이상한 것은 중국에서는 뇌물을 회뢰賄賂라고 쓰고 '회로'라고 읽는데 일본 사람은 뇌물을 중국과 같은 한자인 회뢰라고 쓰고 와이로라고 읽는다는 것이다. 나는 일본어의 발음 체계를 잘 모르니 회뢰를 일본식 발음으로 와이로라고 읽는지 잘 모르겠다. 다만 위의 이야기로 미루어볼 때 옛날 우리나라에서 뇌물을 와이로라고 하는 말을 일본인들이 듣고 배워서 뇌물을 와이로라고 하는 것이 아닐까 생각을 해보았다.

요즈음은 집안 식구가 모두모여 아버지나 어머니가 들려주는 옛날이야기에 귀를 세우고 듣는다는 것은 상상조차 할 수 없는 모습으로 들린다. 먼저 아버지는 경제활동을 해야지 아들 딸 데리고 허접한 이야기나 할 처지가 아니요, 하나 아니면 둘 뿐인 자녀는 학력향상과 재능개발에 그럴 시간을 낼 수가 없는 형편이다. 할아버지 할머니가 그런 일을 맡는다면 손 자녀들은 차라리 가출을 택할지도 모른다.

이제와 생각해보니 아버지께서는 사랑하는 자식들이 착하고 올바르게 살아가기를 바라시며 이 이야기를 들려주셨을 것이다. 나는 아버지의 뜻대로 남에게 해 끼치지 않고 바르고 정직하게 살아왔는지 지난 팔십 평생을 더듬어본다. 회한과 부끄러움이 몰려든다.

부자 되세요!

새해 새 아침이 밝았다. 한복을 예쁘게 갈아입고 온 가족이 모여 차례를 지낸다. 새해 첫날인 설날에는 새로운 한 해를 열면서 돌아가신 조상님들의 은공을 기리고 감사의 뜻으로 드리는 차례를 올린다. 이날은 부모와 형제자매간 그리고 가까운 친인척 사이에 우애도 두텁게 하는 참으로 뜻깊은 날이 아닐 수 없다. 아이들은 오랜만에 만난 가까운 친척 형제자매와 어울려 노는 것이 더없는 즐거움이기도 하다. 돌아가신 분들이 생존해 계실 때의 여러 일들을 생각하며 숙연한 마음으로 차례를 지내고 상을 물리고 나면 음식을 들기 전에 세배를 한다. 그리고 차례 상의 음식을 나누어 먹으며 지난 일들을 회고하며 눈시울이 붉어질 때도 있고 즐거움으로 웃음의 꽃을 피우기도 한다.

이런 우리의 고유 풍습이 요즈음에는 조금씩 그 모습이 변해가는 것 같아 아쉬움을 느낄 때가 있다. 설날이면 인천공항은 인산인

해를 이루고 국내의 호텔들도 호황을 누린다고 한다. 차례상을 차려주는 전문업체가 생겼다고도 한다. 이처럼 설 명절의 풍속도 변해가고 있는 것 같다.

    그 한 예로 세배의 경우를 생각해 보았다. 종갓집에 모여 차례를 지낸 뒤에 젊은 사람들과 아이들이 먼저 어른들에게 새해 인사인 세배를 드린다. 차례를 지낸 설음식으로 아침식사를 마친 뒤에 이웃과 친척집을 찾아다니며 웃어른에게 세배를 하기도 했다. 세배는 집안의 웃어른들께 먼저 그리고 형제들끼리도 손위에게 세배를 하는 것이 보통이다. 이때 어른들은 아이들에게 세배 돈을 주고 연로하신 부모님들께는 자식들이 용돈을 드리기도 한다.

    세배 돈을 받는 아이들의 모습은 기쁘기만 하다. 세배를 드리면서 서로들 덕담을 나눈다. "건강하시고 오래오래 사세요."는 아랫사람들이 연로하신 어른들에게 드리는 주로 많이 쓰이는 말이고 이에 답하여 어른들은 덕담으로 한 마디씩 해주시는 것이 대체적인 세배의 과정이다. 연로하신 분에게는 건강하게 오래 사는 것보다 더 중요한 것은 없을 것이다. 그리고 어른들께서 해주시는 덕담으로는 '행복과 부귀다남 그리고 성공 기원' 등이 주로 쓰이는 말이다.

그런데 요즈음 언제부터인가 이런 덕담의 내용이 참으로 해괴한 말로 변하여가고 있다. 얼마 전까지만 해도 어른들의 덕담 중 갓 결혼한 신혼부부에게는 "아들 딸 많이 낳고 복 많이 받아라." "행복하게 잘 살아라." 또 나이가 어린 아이들에게는 "공부 열심히 하여 훌륭한 사람이 되어라." 등이 덕담의 주된 내용이었다. 그런데 요즈음 어른들이 젊은 자식이나 친인척 내외에게 들려주는 덕담의 주류는 "돈 많이 벌어라." 아니면 "부자 되어라."이다. 친지들 사이에 주고받는 새해 인사도 예외는 아니다. 물론 오늘을 사는 우리에게 금전의 중요성은 간과할 수 없는 중요한 부분이 되어 있긴 하지만, 그 돈이라는 것이 쫓아야 할 최상의 가치이어야 될까 하는 우려의 생각이 든다. 특히 자신의 몸보다 더 아끼고 사랑하는 자식들에게 들려주는 덕담으로 말이다.

동서고금을 막론하고 오늘날까지도 여전히 추앙받고 있는 성현들의 말씀 어디에도 금전이 추구해야 할 최상의 가치라고 말한 내용을 들어 본 적이 없다. 그와 반대로 그분들은 우리가 경계해야 할 중요한 대상으로 부를 꼽고 있다.

그렇다면 우리가 무심코 해주는 새해 첫날의 덕담이 듣는 자식이나 친인척들에게 덕담이 아니라 악담이 되는 것은 아닌가 하여 걱정스러운 마음이 든다. 물론 우리들 세대는 가난에 찌들어 먹을 것조차 제대로 챙겨 먹지 못하며 굶주림과 헐벗음의 한을 가슴 깊이 묻고 살아왔다. 그 뼈아픈 한을 자식들에게 물려주고 싶지 않은 깊은 사랑에서 나온 덕담임을 모르는 바는 아니다. 아무리 그렇더라도 한 번쯤 되새겨 보아야 할 문제가 아닐까 하는 생각이다.

예수님께서는 제자들에게 이렇게 말씀하셨다.
"나는 분명히 말한다. 부자는 하늘나라에 들어가기가 어렵다. 거듭 말하지만 부자가 하느님 나라에 들어가는 것보다는 낙타가 바늘귀로 빠져나가는 것이 더 쉬울 것이다."라고 말씀하시어 부의 축적을 경계하고 있다.

이밖에도 재물이나 돈이 인간을 타락시켜 멸망의 길로 가는 것을 경계하는 말씀을 우리는 성경의 여러 군데서 찾아볼 수 있다. 물론 열심히 일을 해서 돈을 모았고 이웃들을 위해 착한 일, 좋은 일을 많이 행한 부자들, 그러면서 하느님의 말씀과 뜻을 받들며 살고 있는 부자들은 참으로 억울하다고 투덜댈 수도 있을 것이다.

또한 "가난한 사람들아, 너희는 행복하다. 하느님 나라가 너희의 것이다."라고 하신 예수님의 말씀대로 되어, 게으름만 피우고 하는 일 없이 무위도식하며 단지 가난하게 살았다는 한 가지 이유만으로 죽어서 천국에 간다고 하면 이 또한 불공평한 일이 아닐까 하는 생각도 든다. 나는 자신을 위한 부의 축적을 경계하고 헐벗고 굶주린 이웃들에 대한 따사로운 돌봄을 게을리하지 말고, 나눔의 아름다움을 강조한 말씀이라고 생각한다.

고대 중국의 성군으로 일컬어진 요임금은 한 신하가 부자 되라고 말했을 때 그런 축복을 사양했다. 그 이유를 묻자 부자가 되면 여러 가지 번잡한 일이 생긴다고 말했다고 한다.

'무소유'로 유명한 법정 스님은 그의 글 '당신은 행복한가?'에서 다음과 같이 말하고 있다. '행복은 결코 큰 데만 있는 것은 아닐 것이다. 적거나 작은 것을 가지고도 고마워하고 만족할 줄 안다면 그는 행복한 사람이다. 현대인들의 불행은 모자람에서가 아니라 오히려 넘침에 있음을 알아야 한다. 모자람이 채워지면 고마움과 만족할 줄을 알지만 넘침에는 고마움과 만족이 따르지 않는다.'라고 말하고 있다.

오늘을 사는 우리들이 행복에 대한 잘못된 가치 기준을 가지고 있는 것은 아닌가. 그로 인해 자라는 새 세대에게 바르지 못한 삶의 가치 설정을 하는 일에 방조하고 있는 것은 아닌가 하는 우려의 마음이 든다.

이렇듯 부는 극히 경계해야 할 가치이지 추구해야 할 가치는 아니라는 생각이다.

성묘를 다녀오며

매년 추석이면 성묘를 가지만 올해는 왠지 울적한 마음이 들었다. 몇 시간씩 차를 모는 일도, 산소에 올라 부모님께 인사드리는 일도 힘에 부치니 말이다. 얼마나 더 차를 몰고 산소를 찾을 수 있을까 하는 생각이 든다. 선산을 한 바퀴 돌아 내려오는 데 지금은 충민사 경내로 변해버린 작은 마을과 텃밭들이 희미한 그림으로 떠오른다. 앞으로는 강이 흐르고 뒤로는 첩첩산중이다.

멀리 고향을 등지고 살아온 지 십여 년이 훌쩍 넘었다. 처음 몇 년은 부모님 제사에 참례도 하고 명절이면 형님 댁으로 차례를 지내러 내려가기도 했다. 어느 해인가 추석을 맞아 차례를 지내려고 아침 일찍 출발하여 청주 형님 댁으로 내려가 차례를 지냈다. 차례를 지내고 괴산의 선산에 들러 성묘를 하였다. 그리고 집으로 올라오는데 길이 막혀 괴산에서 김포까지 오는데 아홉 시간이 걸렸다.

그 아홉 시간 중에 두세 시간은 야간 운전을 해야 했다. 나이가 들으니 야간 운전은 보통 힘이 드는 것이 아니었다. 부모님의 제사 때에도 김포에서 몇 번 참례를 하였다. 야간 운전이 힘이 들어 오후에 내려가 여관을 정하고 제사에 참례를 하고 다음날 올라오곤 했는데 그도 너무 힘이 들어 이제는 제사 때와 명절 때는 성당에서 위령미사를 드리고 봄가을에 한 번씩 선산을 찾아 성묘를 하고 있다. 길이 멀어서가 아니라 형님이 계시지 않으니 발길이 점점 더 더뎌지는 것 같다.

오늘도 성묘를 하고 선산을 내려오는데 아주 옛날의 이상한 풍습인 것처럼 제삿날의 모습이 또렷하게 떠올랐다.

할아버지 할머니의 기일이 되면 아버지와 큰아버지는 제사 준비를 하신다. 저녁을 드신 후에 세수를 하고 옷을 갈아입고 축과 지방을 쓰신다. 어머니를 비롯해서 집안의 여인들은 제삿날이 되면 며칠 전부터 제사상에 오를 그릇 닦는 일에서부터 제사음식을 준비하느라 쉴 틈이 없다. 집안은 온통 엄숙한 분위기에 휩싸인다. 자정이 지나면 제사를 지내는데 내 어린 생각에는 이해가 잘 되지 않는 부분이 있었다. 축을 읽을 때 축문의 내용이다. 잘 알지는 못하지만 축문 중에 '효자 누구누구 감소고 우'하는 말이 나온다. 제사를 지내며 부모님께 자신을 부모를 잘 섬기는 아들이라고 말하는 것이 이해되지 않아서였다. 아버지께 여쭈어보았다. 아버지께서는 축문에 쓰인 효자孝子의 효孝라는 글자는 '효도'라는 뜻이 아니라 '대를 잇는다'는 뜻이라고 설명해 주던 생각이 난다. 대를 이은 아들이 제사를 지낸다는 말이니 이해가 되었다.

 제사는 자신을 낳아서 길러주신 부모님께 감사하는 마음에서 지낸다고 볼 수 있다. 그러니 제사 음식은 정갈해야 함은 물론이요 제사 지내는 마음도 부모님을 진심으로 그리워하고 감사하는 마음이어야 할 것이다. 그러한 마음의 자세가 없다면 지내지 않음만 같지 못할 것이다.

 제사에 관한 생각을 하다 보니 오래전 어머니께서 들려주신 '제사상에 구렁이' 이야기가 떠올랐다.

「옛날에 소금장수가 소금 지게를 지고서 고개를 넘다가 정상에 올라 좀 쉬려고 하는데 소나기가 쏟아져 도롱이(짚을 엮어서 만든 우비)로 우선 소금 짝을 덮은 뒤 소금 지게를 바위 밑에 세워 놓고 소낙비를 피했다. 그러던 중에 비는 멎고 날이 저물고 캄캄한 밤이 되었다. 소금장수는 바위 밑에서 나와 쌍분 묘 사이에 도롱이를 깔고 하룻밤을 자게 되었다. 꿈속에 소금장수가 들으니 한 남자가

 "오늘이 제삿날인데 어서 가서 자식들이 잘 사는지 살펴보고 잘 먹고 오구려." 하니까 여자가

"나, 다녀올게요." 하고 나가는 것이다. 얼만가 후에 남자가

"그래 제사는 잘 먹고 왔소?" 하고 물으니까 여자는 분이 덜 풀려서 씨근덕거리며 앙칼진 목소리로

"마당에 들어서다가 빨랫줄에 목이 걸려 뒤로 넘어져서 부아가 나는 데다 탕국에는 구렁이가 들었고 밥에는 바위덩이가 들어 있어 못 먹고 왔수다." 하며 토라진 목소리로

"괘씸하여 손자가 아랫도리를 벗고 돌아다니기에 화롯불에 떠다 밀어 버리고 왔오." 하니 남자가

"이 망할 할망구야. 탕에 구렁이가 있고 밥에 바윗덩이가 들었으면 며느리가 잘못했지 손자가 무슨 잘못이 있다고 손자에게 벌을 주나." 하며 "아이구 망할 것들. 내가 살았을 때 외양간 기둥 뒤에 오소리 기름을 병에 담아 걸어 놓았는데 그것이나 찾아서 손자가 덴 곳에 발라 주면 좋으련만" 하는 소리를 듣고서 소금장수는 잠이 깼다.」

「날이 밝자 소금장수는 소금 짝을 지고 마을로 내려와 아침 얻어 먹을 궁리를 하는데 어느 집에서 어린아이가 몹시 고통스럽고 아파하며 울고 있었다. 모여든 아낙네들의 말대로 데인 곳에 간장을 바르니 아이는 쓰라려서 더욱 발버둥 치며 울어댄다.

밖에서 이 광경을 지켜보던 소금장수는 어젯밤에 묘에서 잠을

자다가 들은 이야기가 생각났다. 그 집으로 들어가 어젯밤에 제사를 지냈느냐고 물으니 시어머니 제사를 드렸다고 한다. 소금장수는 외양간 기둥 뒤에 있는 오소리 기름을 가져오라 하여 바르라고 알려줬다. 오소리 기름을 발라주자 아이는 통증이 사라져 젖을 물고 잠이 들었다.

소금장수는 어젯밤에 제사상에 올렸던 메와 탕국을 가져오라 하여 탕국에서 머리카락을, 메에서는 굵은 돌을 찾아내며 제사를 정성들여 지내지 않아서 생긴 일이라고 일러주었다. 그 후부터는 마을 사람들은 조상님들 모시기를 잘하여 대대로 잘 살았다고 한다.」

이 이야기는 조상을 섬기기를 극진히 하라는 뜻에서 누군가가 지어낸 이야기임에 틀림이 없다. 부모 섬기는 일을 소홀히 하지 말라는 도리를 일러주는 말일 것이다. 인터넷 검색을 해 보니 위의 이야기가 몇 군데 올라와 있고 다음과 같은 댓글도 달려있었다.

「'돌아가신 분이 음식에 머리카락이 좀 나왔다고 애기를… 제사 지내주면 뭐하나 싶네요.'」
「'음식 차려드린 것도 '얘들아 고맙다' 하진 못할망정.. 머리카락 빠졌다고 애를 다치게 하다니요. 그런 조상이면 전 열 받아서 제사상 안 차릴 것 같네요.'」

「'조상님들도 제사 밥 드시려면 처신을 잘하셔야… ㅋㅋ시대가 바뀌었으니 ㅋㅋ채'」 등등이었다.

그래도 딱 한 분이
「'제사 음식 할 때는 항상 저랑 딸 머리 묶어요. 혹시나 해서요.'」
라고 써주었다.

댓글을 읽으면서 나는 그들이 불평불만이 가득하면서도 제사나 차례를 지내는 분들이라고 생각하였다. 명절이나 제사 등 집안의 큰일이 있을 때 준비하는 과정이 힘들고 복잡하여 여자들의 불만이 높은 것은 사실이다. 그래서 요즈음에는 제사나 차례를 간소화하는 경향이며 제사나 차례를 지내지 않는 가정도 늘고 있다고 한다. 이러한 시대의 추세를 보면서 옛 풍습에 젖어 살아온 구세대의 한 사람으로 옛날 풍습들이 사라져 가는 모습을 바라보며 서글픈 생각이 든다.

기氣와 풍수風水

 욕심이란 참으로 끝이 없나 보다. 나이가 들어 갈수록 건강하게 오래 살고 싶어진다. 사후에는 어디에 묻힐까도 생각하니, 자연스레 기氣와 풍수風水에 대한 관심까지 생긴다.

 오래전 서울에 유학하여 4-5년 살 때다. 팔 원짜리 밥을 먹으며 이원 오십 전 하는 전차 값이 아까워 문안(사대문 안)까지 수 십리를 걸어 다녔다. 장충동 족발이 육이오 직후에 유명해졌다고 하니 내가 공부할 때도 족발이란 게 있었을 것이다. 하지만 언감생심 족발을? 그것도 장충동 족발골목에서 먹는다는 것은 꿈도 꿀 수 없었다.

 얼마 전에 신문에 서울에서 기를 받을 수 있는 몇 곳이 소개되었다. 그중에 장충동 족발골목이 끼어있는 게 아닌가. 옛날의 한도

풀고 기氣도 받고 싶은 욕심이 생겼다. 아내와 장거리 데이트도 할 겸 제의를 했더니 쾌히 승낙하여 함께 장충동으로 향했다. 버스와 전철을 네 번씩 갈아탄 뒤에야 동국대 역에서 내렸다. 다시 이백 미터 가량을 묻고 걸어서 족발골목에 이르렀다. 그런데 아무리 둘러봐도 그런 곳에서 좋은 기 같은 게 나올 것 같지 않았다. 그렇다고 기가 다 빠진 아내에게 이런 내색을 할 수도 없었다. 족발을 안주삼아 소주 한잔을 마시니 기가 살아났는지 그런대로 기분이 나쁘진 않았다. 아내는 너무 기운이 빠져 입맛이 나지 않는다며 먹지를 못하였다. 이것이 나의 1차 기氣 받기였다.

한 번은 큰 아들이 시간이 났는지 등산을 가자고 했다. 마니산을 가 본 적이 없는 우리 내외는 선뜻 따라나섰다. 마니산에 도착하여 요금소에서 조금 오르다 보니, 안내판에는 우리나라에서 가장 기가 많이 나오는 산이라고 적혀있다. 그러니 더 기를 쓰고 올라갔다. 참성단이 있는 정상에 올라 사방으로 펼쳐진 풍경과 멀리 바다까지 바라보니 마음이 확 트였다. 듣던 대로 명산답고 좋은 기운이 저절로 배어드는 느낌이 들었다. 황홀경에 빠져 올라갈 때의 고통을 잊었는가 했더니 그만 문제가 생겼다.

올라갈 때도 힘이 들고 다리가 아팠는데, 많은 계단을 내려오려니 무릎관절이 시큰거려 걸을 수가 없었다. 그렇다고 안 내려 올

수도 없고 그야말로 진퇴양난이요 죽기 살기 투쟁이었다. 계단을 다 내려왔을 때쯤 종아리에 쥐가 나기 시작했다. 그 고통은 당해본 사람만이 알 일이다. 얼마간의 실랑이 끝에 쥐가 나는 것은 가라앉았지만, 걷기가 몹시 불편했다.

그런데 나와는 달리 평소 약골인 아내는 신이 나서 발걸음도 가볍다. 음식은 분위기와 맛을 동시에 중시하던 사람이 국수 한 그릇을 맛나게 해치웠다. 마니산의 기를 받아서일까. 수려한 자연에 취해서일까. 오랜만에 남편과 잘생긴 아들을 대동한 데이트에 들떠서일까. 아니면 장충동 족발골목에서 빠진 기운을 마니산에서 다 보상받은 것일까.

국수 한 그릇을 먹는 둥 마는 둥 하고 초지대교 근처 해수탕으로 갔다. 더운물에 몸을 담그고 통증이 있는 종아리를 주물러 풀었다. 탕에서 나와 차를 타는데 그야말로 기진맥진이다. 나의 2차 기氣받기는 이렇게 끝이 났다.

옛날에 어머니께서 들려주신 풍수이야기가 생각났다.

「홀어머니를 모시고 사는 가난한 떠꺼머리총각이 있었다. 살림이 어려워 결혼도 못하고 남의 일을 해주고 겨우 어머니를 봉양하고 살았다. 착하고 효심이 깊어 동네 사람들의 칭송이 자자했건만, 갑자기 어머니가 병으로 돌아가셨다.

마을 사람들의 도움으로 장례를 치르는데 지관을 살 돈이 없어 어디에 매장을 할지 걱정이었다. 하는 수 없이 어머니 시신을 지게에 지고 산으로 올라갔다. 아들은 산꼭대기에 어머니의 시신을 내려놓고 "어머니 죄송합니다. 부디 편안한 곳에 누우세요."예를 올리고 나서 시신을 산 아래쪽으로 굴렸다. 잠시 후 굴러가다 멈춘 곳에 방위도 그대로 하여 묘를 썼다. 신통하게도 삼대三代도 지나지 않아 그 아들의 자손들이 정승의 반열에 올랐으며, 그 이후에도 대대로 높은 벼슬을 하였다고 한다.」

　얼마 전, 나보다 열한 살 더 많으신 형님이 돌아가셨다. 딸 부잣집에 하나 있는 남동생이어서인지 나를 끔찍이도 아껴주시던 분이다. 중학교 다닐 때 휴가를 나온 형님이 《철가면》이라는 책을 한 권 사주셨다. 시골에서는 이런 책은 구경도 할 수 없을 때였다. 지금도 희미하게 줄거리가 남아있으니, 아마 세 번 정도 읽었을 것이다.
　육이오 때 포병 중대장으로 전쟁터를 누비던 형님이었는데, 참으로 허무하였다. 장례식 날 산소를 쓰느라 땀을 흘리고 있을 때다. 큰 조카가 다가오더니 형님의 산소 옆에 내 가묘假墓를 만들고 싶다고 한다. 갑작스런 일이지만 그런 생각까지 한 조카가 고맙고 대견스러웠다. 당시 나는 천주교 연령회 일을 보고 있을 때라 천주교 추모공원에 눕고 싶었다. 그런데 두 아들은 할아버지 산소도 옆에 있으니 삼부자가 같이 계시는 게 좋겠다면서 가묘에 찬성이었다. 나중에 어쩌더라도 식구들과 상의를 해 일단 그렇게 하기로 했다. 이렇게 해서 내 사후에 이사 갈 집을 마련해 놓은 셈이다.

몇 년 후 추석 성묘를 갔다가 조카뻘 되는 일가를 만났다. 그는 내 가묘 자리가 풍수적으로 좋지 않으니 쓰지 말라는 것이다. 기분이 묘해지면서 아버지가 살아계실 때 일이 떠올랐다. 아버지가 잘 아시는 지관을 청해 산소 터를 잡으려 할 때 나도 따라갔다. 온 산을 헤매고 다니던 지관 어른은 이 산에서 산소를 쓸 만한 곳은 두 곳 밖에 없다고 했다. 그러니 부모님과 형님 곁에 머물 것인가, 풍수를 따라 자리를 옮길 것인가.

풍수지리를 공부한 사람들의 공통된 말은 명당은 주인이 따로 있다는 것이다. '적선지가積善之家 필유여경必有餘慶'이란 말이 있지 않은가. 내가 살아온 대로 내가 쌓아온 업대로 어딘가 묻히게 될 것이다. 화장을 하면 풍수를 따질 필요가 없다고도 하고, 요즈음은 찾아가기 좋은 곳이 명당이란 말도 있다. 남에게 해 끼치지 않고 살다가 어느 한 곳에 묻힌 뒤, 내 자손들이 큰 탈 없이 평탄하게 살아간다면 그곳이 내 명당이 아닐까.

우연인지 필연인지

　퇴직을 하고 얼마 지나지 않아 인천에서 맞벌이를 하는 큰아들이 딸을 낳았다. 아이를 돌보며 직장생활을 하기가 힘들다며 구원요청을 하여 우리 부부가 양육을 떠맡게 되었다. 공무원으로 평생을 살다 보니 큰 아들 살림 날 때에도 별 도움을 주지 못해 늘 마음이 편치 않았는데 아내에겐 미안한 일이지만 이렇게라도 도움을 줄 수 있게 되어 다행이라고 생각을 했다. 그러다 둘째 손녀가 태어나고 큰아들은 김포에 아파트를 분양받았다. 우리 부부는 어쩔 수 없이 김포로 이주를 하게 되었다. 아들을 따라 천리타향 이곳 김포로 이사를 와서 살아보니 즐거움과 보람 같은 것을 느끼기도 한다. 나이가 들어서 자식에게 도움을 줄 수 있고 손녀들과 함께 사는 그런 행복감 말이다.

　아침저녁으론 좀 바쁘지만 낮 동안은 타향에서의 외로움이랄까

쓸쓸함이 몰려올 때가 있다. 무엇으로 이 허한 마음을 채울 수 있을까 고민하던 끝에 노인종합복지관을 찾아갔다. 복지관에서 점심을 해결하니 삼식이 남편이란 소리는 듣지 않게 되었다. 평생교육 프로그램 중에서 영어회화와 컴퓨터 강의를 듣는데, 컴퓨터를 배우면서 그간에 모아두었던 사진들을 편집하여 두 권의 사진첩도 만들었다. 작년부터는 욕심을 내어 문예창작반 한 강좌를 더 수강하기로 했다.

초등학교 때였는지 중학교 때였는지 기억이 분명치는 않다. 일 년이면 한 두 번씩 국군장병에게 위문편지를 쓰는 시간이 있었다. 다른 아이들은 길게 잘도 써서 편지지를 가득 채워나갔다. 나는 무엇을 써야 할지 생각이 나기는커녕 아예 꽉 막혀버려서 허둥대다 한두 줄 쓰고 말았다.

사람마다 한 가지 재주는 가지고 태어난다고 말들을 한다. 어떤 이는 좋은 목소리를 가지고 태어나 노래를 잘 부르는가 하면 어떤 이는 운동을 잘해서 남의 부러움을 받으며 살아간다. 어떤 사람은 좋은 글을 써서 사람들을 감동시키기도 한다. 뿐만 아니라 그 재능으로 부와 명예를 동시에 얻으며 살아간다.

그런데 내게는 특별한 재주가 있는 것 같지 않다. 더욱이 글 쓰는 재주 보따리는 남들에 비해 훨씬 작다는 생각이 든다. 김포 노인복지관 문예창작반에 들어와 한 학기가 끝날 무렵이었다. '지금 생각나는 사람에게 편지 쓰기' 시간이 있었다. 순간 초·중학교 시절의 위문편지 쓰는 시간이 떠올랐다. 이번에도 아무 생각이 나질 않아서 비지땀만 흘렸다. 열심히 편지를 쓰는 문우들 눈치를 살피며 멍하니 앉아 있다가 시간이 다 끝날 무렵에야 돌아가신 어머님께 겨우 몇 자의 안부를 적을 수 있었다. 이렇게 주어진 일에 대한 두려운 생각이나 마음을 '트라우마'라고 하는 것인가.

거기다 글감에 대한 착상도 중요하지만, 떠오른 생각조차 보기 좋게 쓰지 못하고 느리기까지 하니, 도무지 앞과 뒤가 잘 맞을 리가 없다. 나부터 답답하니 결국 생각났던 글감도 다 놓쳐버리고 만다. 이런 내가 문예창작반 강의를 수강하게 된 것은 비록 재주는 없지만, 문학에 관한 안목이라도 좀 키워보고 싶어서였다. 삭막한 세상을 조금이나마 기름지게 살아보자는 소박한 촌부의 심사도 작용했다고나 할까.

처음 강의를 들으면서 동료들의 문학성과 글 솜씨에 내심 위축되기도 했다. 나도 노력을 해보자 싶어 《초한지》를 다시 한번 읽어 보려고 한 권 샀다. 도서관에서 빌려보아도 되련만, 내 돈을 투자해야 열심히 읽을 것 같아서였다. 그런데 절반을 못다 읽고 몇 달째 책장을 넘기지 못하고 있다. 게을러서가 아니라, 내 삶이 좀 부박해서일 거라고 생각한다.

 술 마시는 일이라면 두세 시간 거리도 사양하지 않고, 고스톱 치는 일이라면 절대로 빠지지 않으니 말이다. 이렇게 놀이문화 속에서 더 즐거움을 느끼니, 아무래도 나는 수준이 좀 떨어지는 사람인 것 같다.

 매주 화요일마다 훌륭한 문학작품을 두 시간씩이나 깊이 있게 감상하니 마음이 따뜻해짐을 느낀다. 참으로 놀라운 나의 발전이요, 술친구들이 알면 놀라 자빠질 일이다. 하지만, 이런 행복이 있는데 어느 정도의 쪽팔림과 친구들의 비난쯤은 감수해야겠다. 문예창작반과의 만남은 생의 마지막 시기를 당당하고 풍요롭게 사는 좋은 기회일 뿐 아니라, 커다란 선물임에 틀림없으니까.

 문학과 문우들과의 만남! 나는 분명히 문인이 아니면서 문우들이라고 말하니 벌써 문인이 되는 것 같아 쑥스럽다. 거기다 문우들과의 만남만이 삶을 포근하게 한 것은 아니다. 선생님과의 만남 또한 내 삶 속에 따뜻한 감성을 일깨우는 계기가 되었다. 강의시간 내내 그동안 잊고 지냈던 우리들의 순수한 무언가를 느꼈기 때문이다. 강의를 듣고 있노라면 나는 유건을 쓰고 꼿꼿이 앉아 꼬장꼬장 글을 가르치는 훈장님을 보기도 하고, 천방지축 꾸러기들이 탈이라도 날까 봐 걱정하는 어머니의 참모습을 보기도 한다. 온종일

묵묵하게 쟁기질을 하시던 강인한 아버지의 모습을 보기도 한다.

이런 정서야말로 우리의 마음과 세상을 정화시키고 지배해 온 순수한 문화이며 정이며 얼이 아닐까. 이런 문화 속에서 우리는 기뻐하며 따뜻하게 성장하지 않았던가. 요즘 들어 순수한 삶의 참모습을 느끼며 내 마음은 옛날의 정과 그리움에 빠져들곤 한다. 아니, 메마른 삶 속에서 글 도반과의 끈끈함을 느낀다. 얼마나 가슴 뭉클하고 의미 있는 만남인가. 그러니 문학과 문우들과의 만남은 분명히 우연이 아닌 듯하다. 이제는 글쓰기에 대해 은근히 용기까지 생긴다.

제값 받기 어려운 낡은 육신이지만 마음은 훈훈하고 깊은 정서 속에서 산다. 고향을 추억하며 동심 속에서 놀게 해주는 문예창작반과의 만남은 우연일까 필연일까.

※ 초한지(楚漢志) : 중국의 역사소설이다. 기원전 200년도쯤, 진나라 말기 초나라 항우와 한나라 유방의 대립을 묘사하고 있다.

화냥년과
후레자식을 아십니까?

　요즈음 우리나라는 큰 어려움에 빠져있다. 우리나라뿐이 아니라 전 세계가 중국 후안에서 발원된 코로나라는 전염병의 대 유행으로 위험과 혼란에 빠져 헤어나질 못하고 있다.
　2020년 1월 20일 우리나라를 방문한 중국인에 의해 옮겨진 코로나 19 전염병은 전파된 이후 감염 정도가 2월 초에는 30명 수준이었으나, 2월 20일 대구 경북 지방을 중심으로 특정 종교 집단을 통해 감염자가 급증하면서 상황이 급변했다. 3월 3일 현재 확진자가 오천명을 넘어섰으며 그 수가 매일 수백 명씩 늘어 온 나라가 대혼란에 빠져있다.

　처음부터 코로나 19의 발병지인 후안을 비롯해서 중국인과 중국 여행자들의 입국을 막아 코로나 바이러스의 유입을 막지 못한 것이 아쉬움으로 남는다. 코로나 19의 감염이 생각보다 빠르게 확산되어서 방역대책과 역학조사에 어려움을 겪고 있다. 감염자의 급증은 환자의 치료와 입원을 위한 병원시설과 방역을 위한 장비와 마스크 부족 상태가 심각한 문제가 되기도 했다. 이런 상황 속에서 중국의 태도가 또한 우리의 심기를 불편하게 하고 있다. 코로나 19 발생 초기에 중국의 환자들을 위해 우리 정부와 지자체들이 앞장서서 의료장비와 마스크를 지원했는데 지금에 와서는 우리나라 코로나 19의 확산을 빌미 삼아 중국에 거주하는 우리 국민들의 주거지를 봉쇄하여 출입을 제한하는 등 강력 격리하고 있다는 것이다.

얼마 전에는 북한의 미사일 도발을 막기 위해 자위의 수단으로 미사일 방어용 사드를 배치하려 할 때 중국의 강력한 반대에 부딪혔다. 우리 상품 불매운동과 중국 진출 우리나라 기업에 대한 경제보복 등으로 중국을 대상으로 기업을 경영하는 기업인들이 엄청난 경제적 타격을 입고 고통받기도 했다. 북한의 핵폭탄 위협으로부터 우리 자신을 방어하려고 사드 배치를 결정한 것이다. 우리의 생명과 재산을 지키려는 자위의 수단마저도 간섭하고 위협과 경제보복을 가하는 일은 너무 심하다는 생각이다. 이런 중국의 태도를 보면서 조선시대의 슬픈 역사 한 장면이 떠올랐다.

「1636년 청나라는 12만 대군을 이끌고 조선을 침략하여 병자호란을 일으킨다. 힘없는 조선은 45일 만에 항복을 하고 남한산성에 피신해 있던 인조대왕은 삼전도(송파구 삼전동)에서 무릎을 꿇고 청나라를 임금의 나라로 모시기로 한다. 그리고 왕자들을 볼모로 보내야 했다. 항복을 받아낸 청나라는 60여만 명에 이르는 조선 사람들을 노예로 끌고 갔다. 이들 중 50만 명이 부녀자들이었다고 한다. 이들은 대부분 성노예가 되고 말았다. 여러 해가 지난 뒤에 인조는 엄청난 돈을 마련하여 조공으로 바치고 청나라로부터 부녀자들을 데려온다. 그러나 그때는 이미 흉악한 오랑캐들에게 겁탈당하고 유린당하며 성노예생활을 하고 있을 때였다. 그렇게 해서 천신만고 끝에 고향으로 돌아온 부녀자들은 기쁨도 잠시 더 큰 아픔을 겪어야 했다. 하나의 지아비만을 섬기고 정절을 지켜야 했던 조선의 여인들이 오랑캐 땅에 끌려가 몸을 더럽히고 돌아왔으니, 부인은 남편에게 버림받고 처녀는 시집을 가지 못했다. 더군다나 오랑캐의 씨를 임신하고 돌아온 여인들이 자식을 낳으면 호노자식 胡奴子息 즉 오랑캐의 자식이라 하여 사회의 따돌림과 냉대를 받으며 자라야 했다. 결국 수만은 고향으로 돌아온 환향 여인還鄉女人들은 냉대와 질시의 손가락질을 견디지 못하고 스스로 목숨을 끊기도 했다. 인조 임금은 끌려갔다 돌아온 여인들을 지정한 강이나 냇물에 몸을 씻게 하고 정절을 되찾는 의식을 행하게 하였다. 이렇듯 정절을 잃은 여인들이 몸을 씻도록 지정한 하천을 회절천回節川이라고 했다. 그리고 의식을 행하여 몸을 씻은 여인을 거부하는 집안은 중벌로 다스릴 것을 명하였다. 서울의 홍제천도 이때 고향으로 돌아온 여인들이 몸을 씻은 회절천의 한 곳이라고 한다.」

이 같은 생각하기조차 싫은 처절한 아픔을 품고 있는 슬픈 역사에서 생겨난 말이 부정한 여인을 낮잡아 이르는 말인 화냥년이며, 배운 데 없이 막되게 자란 사람을 낮잡아 이르는 후레자식이란 말이다. 지금 우리가 사는 시대는 과거 역사 속의 한을 풀기 위해 나무더미에서 잠을 자고 쓸개를 씹으며 원수를 갚는 시대는 아니다. 모두가 함께 서로서로 도우며 더불어 잘 사는 길을 열어야 하는 시대이다. 그러나 중국이 한국을 과거의 조공을 받던 나라인 조선이나 고려로 생각한다면 묵과할 수 없는 일이다. 우리는 적절한 대응을 해야 함은 물론 우리의 생존과 평화 그리고 번영을 위해 죽기를 각오하고 나라의 자존을 바로 세워야 할 것이다. 우리 민족이 다시는 종군위안부, 화냥년, 후레자식 그리고 강제징용과 같은 비통한 신조 언어가 생기지 않도록 스스로를 지킬 수 있는 강력한 힘과 스스로를 지키기 위해 몸을 던질 수 있는 기개를 길러야 할 것이다.

지금 우리는 코로나 바이러스의 확산으로 크나큰 고통과 어려움을 겪고 있으며 경제는 말할 수 없이 추락하고 있다. 이 국난을 온 국민이 힘을 합쳐 슬기롭게 극복하고 파탄지경에 이른 경제를 회생시키는데 힘을 쏟아야 할 것이다. 우리는 이제 지난날의 잘잘못은 서로 이해하고 화해하여 국론을 하나로 모아 힘들여 이룩한 자유와 평화 그리고 번영을 자손들에게 물려줄 수 있는 현명한 선대로 역사에 남아야 할 것이다.

수유리에 사는 손녀가 집에 들렀다. 돌아간다기에 태워다 주기로 했다. 김포한강로를 지나 88 고속도로 첫머리에서 가양대교를 건너 한강변을 조금 달리면 우측으로 내부순환로를 만난다. 내부순환로를 타고 오르면 홍제천 위로 만들어진 고가도로이다. 이 도로를 지날 때는 언제나 병자호란을 겪고 청나라로 끌려갔다 돌아온 한이 맺힌 여인들이 눈물을 흘리며 몸을 박박 문지르며 씻고 있는 모습이 떠올라 마음이 울적해지곤 한다.

제3부
내가 받은 가장 큰 선물

그 동안 두 번씩이나 생사를 오가는 고통 속에서도 두려움보다는 감사하고 기쁜 마음이 늘 내 생활 속에 충만하였다는 점이다. 이것이야 말로 성서 백주간을 통하여 내가 받은 가장 큰 선물이며 은총이라 아니할 수 없다.

내가 받은 가장 큰 선물

 매주 그렇듯 월요일이 되어 성서 백 주간 과제를 하기 위해 메일을 열어보았다. 이번 주 메일의 내용은 마지막 성경공부와 졸업 일정 안내였다. 미처 생각지 못했던 졸업에 관한 일정이어서 감회가 새로웠다. 성서 백 주간을 시작한 지 벌써 삼 년이 된 것이다. 그동안 다른 생각할 겨를도 없이 과제하기에 급급했던 날들을 생각해 본다. 처음 과제를 받으면 언제나 머리는 텅 비어버리곤 했다. 텅 빈 머리로 잔머리를 굴리며 실마리 찾기까지가 고비이다. 그러나 이상하게도 마감시간이 가까이 되어서야 실마리는 풀리곤 한다. 그렇게 요령을 피우며 성경공부를 해온 것이 벌써 삼 년이라니 길다면 긴 세월이 아닐 수 없다. 아득히 먼 옛이야기 같기만 하니 말이다. 그 사이에 죽음을 넘나드는 아픔을 두 번씩이나 경험해서 인지도 모른다.

성경공부를 시작하고 맞은 첫 번째 해 봄. 부활절 전야 미사가 봉헌되고 있었다. 네 번째 독서가 시작될 무렵이었다. 배가 좀 아파오기 시작했다. 성찬의 전례가 끝나갈 무렵에는 복통이 너무 심해 온 몸에는 땀이 흐르고 있었다. 참고 견디기 힘든 복통이 나를 괴롭히기 시작했다. 나는 미사가 끝나기를 기다리며 고통을 참느라 이를 악물었다. 미사가 끝나자마자 아는 사람들의 인사말에 대답도 못하고 배를 끌어 앉고 성당 밖으로 나와 작은 아들에게 전화를 걸었다. 한 발 자국도 옮길 수 없었다. 한밤에 몇 군데의 동내병원을 들러 결국 대학병원 응급실까지 갔다. 온갖 검사를 다 하고 난 응급실의 처방은 급체였다. 토요일과 일요일이라 응급실에는 수련의들뿐이었다. 일단 퇴원을 하였다. 그러나 복통의 정도는 조금도 진정의 기미를 보이지 않았다. 진정은커녕 복통의 정도가 심해만 갔다. 화요일 아침 좀 유명하다는 병의원을 찾아갔다. 담낭에 염증이 생긴 것 같다고 소견서를 써주며 대학병원으로 가라고 한다. 다시 찾아간 대학병원의 진단은 담낭염으로 상태가 심각하여 잘라내야 한다는 것이다. 대학병원 수련의들의 잘못된 진단과 처방으로 나흘 동안에 내 담낭은 망가져 버렸고 엄청난 고통을 격어야 했던 것이다. 입원한 다음날 밤 10시경 전신 마취를 한 후 담낭 절제 수술을 받았다. 한마디로 죽었다 살아났다.

아픔의 기억을 잊을만한 때인 성경공부를 시작하고 맞는 두 번째 해 이른 봄이었다. 가정 사정으로 인해 경기도 동탄이란 신도시로 이사를 해야 했다. 이사를 한다는 것도 보통일은 아닌데 이사를 와서 보니 주변의 황량함이란 이루 말로 표현할 수가 없었다. 사방은 건설공사로 먼지와 소음으로 가득했고 도로는 덤프트럭, 레미콘 트럭 등 건설현장의 중장비 차량들의 질주로 살벌하기까지 했다. 엎친 데 덮친 격으로 작은 손녀딸이 감기로 인한 고열로 고통스러워하고 있었다. 이삿짐 정리하랴, 작은 손녀딸 병원 데리고 다니랴, 큰 손녀딸 신설학교 배정받으랴, 무척이나 바쁜 날들이 지나고 있었다. 이사를 하고 일주일 사이에 몇 번인가 등과 목과 가슴 쪽이 심하게 아파 고통을 참느라 땀을 흘리는 경우가 있었다. 처음에는 이사를 와서 잠자리가 불편하고 고충이라 이런 증세가 있나보라고 대수롭지 않게 생각했다.

그해 2월 28일이었다. 그날은 아침 일찍부터 통증이 시작되더니 진정 기미가 보이질 않았다. 병원을 가야 할 텐데 어느 병원엘 가야 할지도 모르겠고 통증이 심하여 운전을 할 수도 없고 하여 작은 아들을 불러 충북대학병원으로 갔다. 지금 생각하면 얼마나 위험한 짓을 했나 싶어 식은땀이 흐르곤 한다. 병원 응급실에서 진찰을 마치자마자 심장의 핏줄이 막혀 피가 흐르질 못해 심장의 일부가 괴사 되었다며 중환자실로 옮겨졌고 다음날 곧바로 심혈관 확장 시술을 받았다. 의사들의 말로 심장이 마비되어 가는데 그 고통을 참을 수 있었던 것도 놀라운 일이며, 때로는 운전까지 하며 일 주 동안 집안일을 돌보았다는 것은 기적이라고 말을 했다. 이 병은 빨리 큰 병원을 찾아 손을 써도 생존율이 그리 높지 않다는 것이다. 하느님의 말씀으로 바쁘게 생활하는 나에게 베풀어주신 그분의 놀라운 은총과 가호가 아니었나 생각한다. 3월 중순 어느 날 다음 진료일 을 예약하고 퇴원을 하여 이 황량한 도시로 돌아왔다. 봄이 왔어도 봄이 아니었다.

졸업을 앞두고 지금 머리에 떠오르는 한 구절의 성경 말씀도, 마음을 울리는 내용도 내 머리에 남아 있지 않다. 긴 3년 동안 공부해 온 성경에 관해서 누가 나에게 묻는다거나 성경의 내용에 관해 질문을 한다면 나는 아무 대답도 하지 못할 것이다. 긴 3년을 성경을 옆에 놓고 생활을 하면서도 그 내용이나 의미를 알지 못하기 때문이다. 어떻게 보면 당연한 일인지도 모른다. 하늘나라의 일을 하늘나라의 언어로 말을 하는데 나같이 극히 세속적인 속물의 머리와 마음으로 깨닫고 이해할 수 없는 것이 당연하다는 생각이 든다. 그러나 이처럼 죽음을 넘나드는 고통과 시련을 두 번씩이나 겪으면서도 성서 백 주간의 끈을 놓지 못하고 이어갈 수 있었던 것은 나에게 삶이 무엇인가를 희미하게라도 알려주려는 의도된 계획은 아니었을까 하는 착각에 빠져보기도 한다.

그리고 한 가지 분명한 것은 나 자신의 놀라운 삶의 변화이다. 그동안 두 번씩이나 생사를 오가는 고통 속에서도 두려움보다는 감사하고 기쁜 마음이 늘 내 생활 속에 충만하였다는 점이다. 이것이야 말로 성서 백 주간을 통하여 내가 받은 가장 큰 선물이며 은총이라 아니할 수 없다.

가을을 살면서

　자연의 법칙은 우리가 어찌할 수 없다. 가을이 되면 나뭇잎은 자연으로의 회귀를 위하여 화사한 옷으로 갈아입고 저마다 춤을 추며 떨어진다. 그 볼품없는 나뭇잎도 자기를 싹 틔워 주고 자라게 해 준 자연에게 한 줌의 거름으로 자신의 몸을 바친다.
　나는 어떤 옷을 입고 무슨 춤을 추며 영원한 자리로 돌아갈 것인가.

　계절 탓인지 가을엔 깊은 생각에 잠기곤 한다. 출생을 뜻하는 축복의 봄, 성장과 번영을 누리는 여름, 죽음을 준비하며 마지막을 장식하듯 처절한 불꽃 춤을 추는 가을, 그리고 죽음을 떠올리는 겨울까지 자연의 사계는 너무도 분명하다. 철 따라 서로 다른 열정적인 모습을 우리에게 보여준다. 특히 산과 들의 식물들은 화사한 무도회를 끝으로 다른 봄을 위해 자신을 자연에게 돌려준다. 그들을 애석해하며 차가운 바람이 엄습해오고, 때로는 이들을 애도하며 천지에 흰 눈이 내려 그들의 환생을 빌며 축복해주기도 한다. 자연의 윤회야말로 거역할 수 없이 엄숙하며 한 치의 어긋남도 없는 우주의 질서이며 철칙이다.

이렇게 심오한 진리가 담긴 자연의 품에서 나도 한 일원으로 살아가고 있다. 나이가 들어가니 기억력은 떨어지고 뼈마디가 욱신거릴 때도 있고 동작도 많이 둔해졌다. 이런 현상은 나이 들어갈수록 점점 더 심해지지 좋아질 가능성이 없다고 생각하니 씁쓸하다. 어디 사람뿐일까. 모든 생명체는 생, 노, 병, 사의 자연법칙에 순응해야 한다. 그러나 늙고 병들어가면서 가족들이 내 고통을 알아주지 않고 외로울 때 별 반응이 없는 것이 원망스럽고 서운할 때도 있다. 그럴 때마다 내 자신을 돌아본다. '부모님이 늙고 병들었을 때 얼마나 가슴 아파하며 위로를 해드렸는지.' 고작 한다는 말이 '나이 들면 다 그렇게 아프고 외로운 것'이라고 툭 내뱉고 말았다. 거동에 힘이 부쳐하는 분들에게 자꾸 움직이는 운동을 해보시라고 허허로운 말만 하지 않았던가.

나이가 들면 노인 특유의 냄새도 난다. 거기다 담배까지 즐겨 피우는 악습을 버리지 못하고 있으니 더 말할 나위가 없다. 그래서 언제부터인가 독방 쓰기를 고집하고 있다. 물론 늦게 자고 늦게 일어나는 게으른 습관이 나를 고립의 방으로 몰아넣었는지 모른다. 내방은 창문이 커서 통환풍이 잘 되지만, 일부러 문을 열어 자주 환기를 시킨다. 이런 세심한 배려는 아침에 눈만 뜨면 찾아주는 손님이 있어서다. 유치원 다니는 사랑스러운 손녀딸이다.

아이는 아침 일찍이라도 말대꾸를 해줄 사람은 할아버지밖에 없다는 것을 잘 알고 있다. 손녀는 내 옆에 누워 잘도 재잘거린다. 종알대는 손녀를 보면 내 마음도 한결 맑아진다. 그때마다 예수님의 말씀이 떠오르기도 한다.

"너희가 생각을 바꾸어 어린이와 같이 되지 않으면 결코 하늘나라에 들어가지 못할 것이다. 그리고 하늘나라에서 가장 위대한 사람은 자신을 낮추어 이 어린이와 같이 되는 사람이다."

초원의 왕인 사자도 배가 고프지 않으면 사냥을 하지 않고, 거대한 몸집에다 힘이 센 코끼리도 죽을 때가 되면 은밀한 곳으로 옮겨 추한 모습을 보이지 않고 마지막 운명을 받아들인다고 한다. 이렇듯 자연의 사계를 거치며 살아가는 모든 생명체는 자연에 순응하며 나름대로의 삶을 영위해간다. 나는 지금 인생의 가을을 사는 셈이다. 아직 나뭇잎이 푸른 가을의 문턱에서 어울리지 않게 낙엽 이야기를 하는 것도 나의 가을을 너무 아끼는 까닭인지도 모른다.

어느 날 신부님께서 〈17세기 어느 수녀님의 기도〉와 〈내 등의 짐〉이라는 두 편의 시를 적어주셨다. 나이에 관계없이 자기주장에 대한 고집과 욕심이 있지만, 나이가 들어 갈수록 그 상태가 더욱 심각해지고 말수는 많아지는 모양이다. 노령으로 인해 오는 고통의 호소와 서운함도 깊은가 보다.

그 수녀님은
"말 많은 늙은이가 되지 않게 하시고/ 내 팔, 다리, 머리, 허리의 고통에 대해서는 아예 입을 막아 주소서/ 눈이 점점 어두워지는 건 어쩔 수 없겠지만/ 뜻하지 않은 곳에서 선한 것을 볼 수 있는/ 아름다운 마음을 주소서."라고 기도하고 있다.

내 등의 짐은 그 마지막 연에서
"가난의 짐, 몸이 아픈 짐, 슬픈 이별의 짐들이 내 삶을 감당하는 힘이 되어 오늘도 최선의 삶을 살게 합니다."라고 예찬하고 있다.

이 두 편의 시는 인생의 가을을 살고 있는 나를 되돌아보게 하고 깨우침을 주었다. 또한 17세기 어느 수녀님의 기도는 바로 내가 바쳐야 할 나의 기도임을 깨닫게 한다. 귀한 깨달음의 선물을 주신 이중섭 마태오 신부님께 진심으로 감사의 말씀을 드린다.

지극히 작은 것에 대한 관심

나 자신은 내놓고 자랑할 만한 것이 별로 없다. 그래서 어떤 자리에 가도 구석진 곳이, 앞좌석보다는 뒷좌석이, 화려한 곳보다는 소박하고 좀 촌스러운 곳이, 지나치게 깨끗한 곳보다는 약간 덜 깨끗한 곳이 오히려 마음 편하다. 이런 나의 못나고 부족한 것에 대한 변명을 좀 해보려고 한다.

사람은 누구나 큰 것을 좋아한다. 집도 커야 좋고 키도 커야 좋고 지위도 높은 자리래야 좋아한다. 역사를 보아도 위대한 왕이나 고위의 직에 종사하며 호화를 누리던 사람들에 관한 이야기뿐이다. 그들이 부와 권력을 누리도록 키워주고 밀어준 밑바닥의 헐벗고 굶주리며 고통스럽게 살아가는 사람들에겐 흥미도 관심도 없으며 기록도 없다. 소설 속에서도 위대하고 부유하며 높은 지위에 있는 사람들이 주인공이다. 그런 사람이 불의의 변을 당하거나 모함을 받아 비극의 주인공이 되어야 우리의 마음을 아프게 하고 슬프게 하며 마음 한 구석에 깊은 동정과 악에 대한 분노를 느끼게 한다. 이런 면면 속에서 우리들의 관심은 작고 낮은 것이 아닌 크고 높은 것에 있는 것이 본성임을 알 수 있다.

또 우리는 일등 특등을 좋아한다. 그래서인지 완행열차나 완행버스가 없어진 지 오래되었다. 완행버스를 고속버스나 직행버스로, 완행열차나 삼등 열차를 특급열차나 고속열차라고 불러야 마음이 흡족한 우리의 의식구조 속에 비극이 싹트는 것이 아닌가 하는 생각이다. 노력이나 힘을 쏟지 않고 왕창 돈을 벌어 보려고 하는 마음들도 이러한 우리의 허세적인 의식구조 속에서 생긴 것이며, 돈이나 배경을 타고 출세를 하려는 야비한 생각도 이런 의식구조 속에서 생긴 서글픈 현상이 아닌가 한다. 그런데 이러한 파렴치한 의식은 우리의 사회구조가 이러한 비정상적인 과정을 통해서 부를 축적할 수 있었고 영달을 할 수 있었다는 데에 있는 것이다.

더욱 오늘의 사회는 크고 작음의 차이가 더욱더 커져만 가고 있다. 빈부의 격차나 계급의 격차가 현격한 사회 속에서 우리는 참 가치관을 상실한 채 물질적인 속박 속에서 심리적으로 압박과 괴로움을 받으며 살고 있다.

　이러한 큰 것 높은 것에 대한 우리의 잘못된 관심은 우리 자신을 결국은 타락과 절망 속으로 몰아넣고 마는 것이다. 이런 말을 늘어놓고 있는 나 자신도 마음속 깊은 곳에 퇴폐적이고 파렴치한 의식이 흐르고 있음을 부인하지 못한다. 단지 자기 과시적이 못되고 자기 P. R.을 할 줄 모르는 무능으로 인해 움츠리고 있는 것인지도 모른다.

　"지극히 작은 일에 충실한 사람은 큰일에도 충실하며, 지극히 작은 일에 부정직한 사람은 큰일에도 부정직할 것이다." 또 "사실 사람들에게 떠받들리는 것이 하느님께는 가증스럽게 보이는 것이다."라고 하신 예수님의 말씀으로 나의 무능과 위선을 가리고 변명하고 싶은 것인지도 모른다. 그러나 지극히 작은 일에 충실한 사람은 큰일에도 충실하며, 지극히 작은 일에 부정직한 사람은 큰일에도 부정직할 것이라는 예수님의 이 말씀은 작은 일에서 행복을 느끼지 못하는 사람은 큰일에서도 행복을 느끼지 못하고 끝없는 탐욕의 노예가 되고 만다는 것을 우리에게 일러주려는 교훈이라고 생각한다. 아주 작은 일에도 열심히 정성을 기울여야 함은 물론 가난과 핍박을 받으며 살아가는 낮고 보잘것없는 이들에게 사랑과 관심을 갖는 것이 하늘이 보기에 좋은 삶이 아닐까 한다. 그것이 바로 우리가 즐겁고 행복한 삶을 사는 올바른 방법일 것이다.

높은 곳에 오르면 추락의 위험이 크고 그 희생은 치명적이다. 고속으로 질주하는 차량일수록 사고가 나면 그만큼 더 심각한 피해를 입는다. 또 많이 가질수록 잃었을 때의 허탈감과 좌절감은 더욱더 크게 마련이다. 과유불급過猶不及이라는 말이 있듯이 지나치지 않는 것이 삶의 지혜가 아닐까?

변해가는 삶의 모습

　어느 시인은 장미가 '아름다움과 스스로를 지키는 기품'이 있다고 예찬하고 있다. 그러면서도 '모두가 장미일 필요는 없다'고 한다. 장미에 대한 나의 생각은 다르다. 장미의 아름다움이 덜하다는 뜻이 아니라, 아름다움 속에 요염함과 천박함이 함께 보이기 때문이다. 흔히 속 빈 강정이니, 겉 희고 속 검은 놈 하며 속을 중요시하면서도 사실은 속보다 겉을 중시하는 것 같다.

　무더운 여름 보리타작을 해보지 않고, 삼복에 논을 매보지 않은 사람은 참 더운 맛이나 바람의 고마움을 모를 것이다. 땡볕 아래서 논을 매고 난 뒤 도랑물에 땀을 씻을 때의 상쾌함을 지금도 잊을 수가 없다.
　요즘에는 한여름에도 더위 걱정이 없을 만큼 선풍기며 에어컨이 삼복을 잊게 한다. 에어컨 바람이 신선한 자연의 바람이 아닌 것을 우리는 모르고 산다. 이제는 산 위에서 부는 바람이 시원하지도 않고, 강가에서 부는 바람이 고맙지도 않은 시대다. 이런 현상이 의미하는 바를 곰곰이 생각해보고 음미해 본다. 에어컨의 냉기가 관능적이라면 산바람 강바람은 정과 얼이 담긴 청량함이라고 말하고 싶다. 옛날에 쐬던 시원한 바람이 그리워진다.

오래전 초등학교에 다닐 때다. 무엇을 잘못했는지는 기억이 나질 않지만 어머니께 매를 맞았다. 종아리에는 검붉은 줄이 생기고 부어올랐다. 밤에 잠을 자는데 종아리가 아프고 이상해 눈을 떴다. 어머니가 내 종아리를 만져주고 계셨다. 얼른 눈을 감고 모르는 체 했지만, 눈물이 나왔다. 행동이 바르지 못해 어머니 마음을 아프게 해 드린 것에 대한 반성의 눈물이었을까. 아니, 어머니의 참사랑을 느꼈는지도 모른다. 어머니는 낮이면 집안 살림하랴 농사일하랴 바쁘고, 밤이면 무명옷 손질하고, 떨어진 옷과 양말 짝 꿰매느라 밤잠을 설치면서도 이렇듯 자식사랑이 깊으셨다.

얼마 전 교차로에서 길을 건너려고 서있었다. 승용차 한 대가 신호에 걸려 멈추어 섰다. 무심결에 차 안을 보았다. 조수석에 앉은 한 여인이 뒷좌석에 앉아있는 초등학생쯤 되어 보이는 아이에게 마구 주먹을 날렸다. 참으로 안쓰럽고 민망한 장면이었다. 그 아이 엄마도 우리 어머니가 지녔던 사랑으로 날리는 주먹이었으면 좋겠다는 생각을 해보았다.

　아이 엄마가 핸드폰으로 무엇인가를 하면서 정신없이 걸어가고, 두세 살쯤 되는 아이가 울면서 종종걸음으로 따라가는 것을 보고 마음이 아렸다. 전화기 속에 무엇이 아이보다 소중했는지, 그런 모습에도 아픔을 느끼니 이것도 노파심인지 모르겠다.

　무엇을 먹일까, 무엇을 입힐까, 걱정이 태산이었던 시절의 어머니 사랑은 어떤 것이고, 먹을 것 입을 것 걱정 없는 요즘의 어머니 사랑은 또 어떤 것 일가. 자식사랑이 변한 것이 아니라 사랑의 방법이 다르다고 생각한다.

　힘들게 농사를 지어 가족들을 배불리 먹이는 것이 어머니의 일이었다. 나는 어머니의 고통과 정성을 먹고 입고 자랐다. 이제는 떨어진 옷을 입어야 할 아이도 없고 떨어진 옷을 기워야 할 어머니도 없다. 멀쩡한 물건들이 쓰레기 처리장으로 실려 가고 배불리 먹지 못해 눈요기라도 하려고 빵집 앞을 서성거리는 아이도 없다. 점심시간이면 물로 배를 채우는 아이들도 이젠 보이지 않는다. 때에 맞춰 밥상을 차릴 걱정을 할 필요도 없다. 어딜 가나 먹을 것들이 넘쳐나니 먹기 싫어 안 먹는다.

　여름철이면 찾던 원두막도 자취를 감추었다. 과일들은 제철을 잃어버린 지 오래다. 이렇게 무엇이든 풍요로움 속에 우리는 살고 있다.

예전에는 객사客死하면 혼백이 집으로 돌아가지 못해 거리 귀신이 된다고 하여 몹시 꺼려하였다. 요즈음은 어떤가. 임종이 다가오면 영안실이 있는 병원으로 옮기거나 요양원으로 보내 객지에서 죽음을 맞게 한다. 옛 어른들이 저승에서 보고 혀를 찰 일이지만, 어떻게 보면 객사의 대중화는 참으로 과학적이고 위생적이며 발전된 장례문화 일수도 있다.

방송에서는 독거노인이 달동네 쪽방에서 홀로 죽어있었다는 소식이다. 풍요 속에 숨겨진 각박한 세상살이가 그려낸 달라진 모습이 아닐까? 나도 변화된 풍속도 속에서 소리 없이 묻혀 살아간다.

잔털

「옛날에 짚신을 만들어 팔아 생계를 유지하는 한 아버지와 아들이 있었다. 부자父子는 열심히 짚신을 만들어 며칠에 한 번씩 아들이 지게에 소쿠리를 매어 한 짐 가득 짊어지고 장에 내어다 팔곤 하였다. 그런데 이상한 일이었다.

한 짐 가득한 집신 중에서도 아버지가 만든 짚신은 불티나게 잘 팔리는데 아들인 자기가 만든 짚신은 잘 팔리지 않아 결국은 파장에 좀 싸게 깎아 주어야 겨우 다 팔고 집에 돌아올 수 있는 것이 아닌가. 이런 일이 계속되자 아들은 아버지에게 그 비결을 물어보지만 아버지는

'짚신을 잘 만들 생각을 해야지, 잘 팔릴 생각만 하느냐?'며 야단만 칠 뿐이었다. 아들은 할 수 없이 아버지의 짚신보다 더 잘 팔리는 좋은 짚신을 만들려고 있는 정성과 가진 기술을 다하여 열심히 짚신을 만들었다. 그러나 시장에 팔러 갔을 때 결과는 늘 같았다.

아들은 또 아버지에게 물어보았지만 아버지의 대답은 항상 같은 꾸지람뿐이었다.

　그런 생활 속에 세월은 흘러 아버지는 늙고 병들어 몸져눕게 되었다. 효성이 지극한 아들은 혼자서 열심히 짚신을 삼아 내어다 팔아 아버지의 병구완과 생계를 이어가야만 했다. 그러나 짚신도 잘 팔리지 않아 그 어려움이 말이 아니었다. 아버지의 병은 깊어 마침내 운명할 단계에 이르렀다. 아들은 온 집안 식구들의 생계를 도맡아야 할 책임과 짚신도 잘 안 팔리고 하여 운명하시려는 아버지께 간곡히 짚신을 어떻게 만들어야 잘 팔리는 지를 다시 여쭙지 않을 수가 없었다. 아들의 간곡한 말을 들은 운명 직전의 아버지는 잠시 눈을 감고 정신을 가다듬으시더니 겨우 모기 소리만 한 힘없는 소리로 '잔털'하시더니 눈을 감고 다시 돌아올 수 없는 길을 떠나고 말았다. 아들은 아버지의 짚신이 제값에 잘 팔린 이유를 알게 되었다. 짚신은 잘 만들었지만 만들어진 짚신의 거친 잔털을 잘 뜯어주는 뒷손질을 잘 못하였다는 것을 깨달은 것이다.」

　물론 이 이야기는 자기의 재주의 비결을 아들에게도 알려주지 않는다는 우리 조상들의 비법 전수의 꺼림을 비웃는 풍자적인 일화일 수도 있다. 그러나 우리는 우스꽝스러운 이 일화에서 배우고 깨우쳐야 할 교훈을 흘려버리지 않아야 할 것이다. 우리 조상들은 자기의 재주와 독창적인 비법을 그만큼 애착과 함께 소중히 여기고 깊이 그리고 오래도록 간직하려 했다는 점이다. 이것이 바로 우리의 오늘을 있게 해 준 우리 선조들의 훌륭한 유산의 하나인 장인 정신이 아니었나 하는 생각이다. 이 일화 속의 아버지가 잔털의 비법을 일찍 그 아들에게 일러주었다고 생각해보자. 그는 필경 아버지가 그토록 오랜 세월의 노력과 정성의 결과로 얻은, 아버지에게는 참으로 소중한 비법을 아들은 잔털을 뜯어주는 것이 무슨 비법이며 기술이냐고 마음속에 비웃는 마음이 생겼을 것이다. 그런 마음의 아들은 발전과 창의를 모르는 허세와 오만으로 가정을 파멸시키고 말았을 것이 십상이다.

얼마 전 집사람이 운동화 한 켤레를 사들고 들어왔다. 나이도 들고 이제는 건강관리도 좀 해야 할 게 아니냐며 말이다. 나는 운동화가 왜 없느냐며 별로 좋아하지 않았다. 자주 하지도 않는 운동인데 그런 곳에 돈을 들이느냐며 투덜거렸다. 그리고 운동을 하게 되면 자식들이 신던 헌 운동화로 족하다는 투로 말이다. 사실은 공무원으로 혼자 벌어서 자식들 키우다 보니 내 운동화를 사들일만한 여유가 없었던 것이 사실이다. 내심 즐거웠다. 어렸을 때 어머니에게서 느꼈던 고마운 마음이 집사람에게서 느껴졌다.

그러나 문제는 값이었다. 오만 원이라는 것이 아닌가. 이 여인이 김 씨 집안 말아먹을 일이라도 있단 말인가 하는 생각이 문득 들었다. 그러나 미워하기보다는 사랑스런 마음이 더 깊은 곳에서 꿈틀거렸다. 아이들 뒷바라지에 제대로 먹지도 입지도 못하고, 삼복 더위에 피서여행도 엄동설한에 온천 한번 못 다녀본 자기 자신에 대한 연민의 반대 구성이 아니었을까 하는 생각이 들었다. 남들은 보란 듯이 자가용 타고 출퇴근하는데 만원 버스에 시달리며 출퇴근하는 힘없고 초라한 남편에 대한 안쓰러움이었을 것이다.

동심으로 돌아가 운동화에 끈을 매기 시작했다. 들뜬 마음으로 끈을 다 매고 신어보았다. 무엇인가 좀 이상했다. 끈이 잘못 꿰어진 것 같기도 하고, 자세히 살펴보니 끈을 꿰는 구멍이 하나가 없는 것이 아닌가. 참으로 어처구니없는 일이 아닐 수 없었다. 나의 좋은 기분은 그만 엉망이 되고, 모처럼 남편을 위해 기울인 마음을 여지없이 꾸김 당한 아내는 곧장 대리점으로 달려갔다. 운동화를 바꾸어 되돌아온 아내의 기분은 말이 아니었다. 대리점의 태도가 너무 불쾌하더라는 것이다. 한국의 굴지의 기업이며 한때 신발업으로 세계시장을 누비며 한국경제를 오늘이 있게 했다는 세계적인 기업의 상품이 이처럼 불량품일 수 있으며, 제품 판매를 담당하고 있는 대리점의 서비스며 고객에 대한 태도가 이럴 수가 있느냐는 것이었다.

　지금 우리는 한 아버지가 운명하면서 마지막으로 아들에게 물려준 소중하며 값진 유산인 '잔털'을 교훈으로 삼아 선진국 대열을 향해 모든 정력과 노력을 기울여야 할 때이다. 한 제조회사가 생산하는 상품의 제조와 관리와 판매는 그 한 기업의 이익이나 성공 실패의 문제가 아닌 것이다. 그것은 국가와 우리 온 국민의 흥망과 사활의 문제인 것이다. 기업의 기업주는 나라의 발전과 번영이 자기의 어깨에 짊어지어 있다는 사실을 깨닫고 인식의 개혁은 물론 자기희생적 사고로 기업 운영에 임해야 할 것이다. 또한 기업에서 근무하는 모든 노동자들도 제품 하나하나가 살아 숨 쉬는 우리 모두의 생명이란 생각으로 정성과 정열과 혼을 불어넣어 제품을 생산해야 할 것이다. 허술한 제품으로 노다지를 캐어 보겠다는 어처구니없는 이기적인 발상에서 이제 제발 벗어나고 깨어나야 할 때이다. 그리고 기업과 생사를 같이하는 기업주나 경영자나 노동자가 되어야 할 것이다. 기업의 제품과 기업주와 노동자가 곧 너와 내가 아닌 한 생명체라는 사실을 깨닫는 길이 우리가 살길이며 우리 기업이 지향해야 할 길이다. 이것이 바로 '잔털'이 우리에게 주는 참 교훈이라고 생각한다.

사랑의 풍속도

　아파트 단지에는 아침저녁으로 어린이들을 태워갈 어린이집이나 학원 버스들로 붐빈다. 차량이 아이들을 싣고 떠날 때의 이별 장면이 참으로 아름답다. 아이는 차창에 얼굴을 비비며 차마 엄마와의 떨어짐이 서럽고, 엄마는 그런 아이가 가엽기만 하다. 오후 늦게 아이가 돌아올 시간이 되면 엄마들은 아이를 기다리며 삼삼오오 모여 떠들썩하다. 아이들이 돌아오면 엄마와 아이는 진한 사랑을 나누며 다정히 집으로 돌아간다. 이처럼 아이들은 부모보다는 어린이집이나 학원에서 사교육을 받으며 어린 시절을 보낸다.

　해방을 전 후해서 태어나 육이오의 전란을 격은 우리 세대를 돌이켜 보게 된다. 농촌의 어머니들은 없는 살림에 보통 일고여덟 명이나 되는 식구들의 하루 세끼 식사를 책임져야 할 뿐만 아니라 밭일까지 도맡아 했다. 자식 돌볼 여유라곤 없었다. 식량이 늘 부족하던 시절이니 엄마의 말라비틀어진 젖에 의존하는 애기들은 몰골이 말이 아니었다. 혼자서 걸을 정도만 되면 아이들은 누나나 형들을 따라다니며 혼자서 커야만 했다. 하절기에는 거의 몸에 걸친 것이 없는 알몸에 맨발이다. 온몸에는 흙과 먼지가 땀과 범벅이 되어 꼴이 말이 아니었다. 더우면 근처의 도랑이나 개울에서 더위를 식히며 물장난을 치곤 했다. 그곳이 아이들의 풀장이었고 이것이 목욕이며 샤워였다.

겨울이면 흙과 먼지 그리고 음식물로 더러워진 무명옷 한 벌로 추위에 떨며 겨울을 났다. 대부분의 어린아이들은 감기를 달고 살았다. 코에는 콧물이 마를 날이 없었다. 그렇다고 병원엘 가는 아이는 볼 수도 없고 그런 걸 생각하는 이들조차 없었다. 이듬해 봄까지 들락날락하는 콧물을 달고 그냥 아무렇지 않게 겨울을 보냈다. 흐르는 콧물을 닦을 수 있는 유일한 도구는 저고리 소매뿐이었다. 그 시절에는 종이도 아주 귀했다. 화장실에서 화장을 한 후에도 나뭇잎이나 볏짚으로 화장의 뒤 처리를 해야 할 정도였다. 팔소매는 닦여진 콧물로 뻣뻣하고 반질반질했다. 그렇다고 자주 세탁을 할 시간적 여유도 없고 갈아입힐 여벌의 옷도 마땅치 않은 형편이었다.

엄마와 아이들이 진한 사랑을 주고받을 시간적 공간적인 여유라곤 없었다. 요즈음 같은 어찌 보면 사치스런 그런 사랑은 생각조차 할 수 없던 시절이었다. 동리에 잔치라도 있으면 배불리 먹을 수 있는 기회이며 이때에는 엄마들의 자식사랑이 드러나는 때이기도 했다. 잔칫집 이곳저곳에서 동네 아낙들은 음식 준비에 정신이 없다. 마당에는 여러 개의 화독이 설치되고 화독마다 솥뚜껑이 뒤집어 놓여진다. 불이 지펴진 화독에서 누름적이 부쳐진다. 이때가 되면 엄마들의 작전이 펼쳐진다. 물론 그 작전이란 게 늘 벌어지는 일이었다. 땟국물이 짤짤 흐르는 앞치마 속에 누름적이며 떡이며 과일 등 먹을 것을 감추어 구멍구멍 주변에서 놀고 있는 어린 자식들을 먹이는 일이었다. 이런 때가 아니면 부황이 든 자식들을 잘 먹일 기회라곤 없으니 결사적일 수밖에 없었다. 이것이 먹을 것이 부족했던 그 시절의 두려움을 잊은 엄마의 자식 사랑이었다.

그 시절의 남녀 간의 사랑이나 애정표현의 방법도 요즈음과는 많이 달랐던 것 같다. 요즈음에는 길거리에서 남녀 학생들이 껴안고 있는 모습을 가끔 볼 수 있다. 이는 내가 학생이었던 육이오 전쟁 전후인 오십 년대에는 상상도 할 수 없는 일이며 남녀가 사귀기라도 할라치면 이는 그 지역의 화제가 되곤 했다. 어른들의 경우에도 부부가 같이 어딜 갈 때 남편이 앞에서 걸으면 아내는 몇 발짝 뒤를 따라 걸었다. 그들 부부가 사랑이 없어서가 아니다. 그들의 사랑방식은 그런 것이었다. 요즈음은 남녀 간에 애정표현을 하는 데 때나 장소가 장애가 되지 않는다. 주변의 시선 따위도 문제가 되지 않는다. 참으로 솔직하고 대담하기 이를 데 없다. 구세대 사람들의 애정과 신세대 사람들의 사랑의 강도에 차이가 있다고는 보지 않는다. 시대의 흐름에 따른 표현 방법이나 행동의 모습이 변했을 뿐이라고 본다. 나보다도 더 이전의 세대들은 남편이나 아내의 얼굴도 보지 못한 채 결혼을 하고 부부가 되었다. 그런데도 부부금슬이 나빠 이혼을 했다는 사람들은 별로 없었다. 요즈음은 서로 죽도록 사랑하고 죽어도 떨어질 수 없어서 결혼을 한 부부들 중에서 몇 년도 살지 못하고 이혼을 하는 경우도 흔히 있다고 한다.

천구백오륙십 년대만 해도 아이들을 돌보는 일은 전적으로 엄마의 몫이었다. 나들이를 할 때에도 엄마들은 아이를 등에 업고 머리에는 무거운 짐을 이고 나들이를 했다. 그 모습이 어쩌면 요즘에는 완전히 뒤바뀌었는지 참으로 신기하게 느껴질 정도이다. 쇼핑을 하거나 여행을 할라치면 남편은 아이를 앞에 안고 손에는 쇼핑백이나 여행용 가방을 들고 있다. 맨몸인 아내는 작은 백 하나를 들고 앞서 걷는다. 밥 짓고 빨래하고 청소하고 설거지는 물론이요 육아까지 맡아서 하는 전업 주부 역할을 하는 남편들도 꽤나 많다는 소리를 듣는다. 요즈음처럼 맞벌이를 해야 가정경제를 꾸려갈 수 있는 구조 속에서 가정살림에 남녀의 구별이 있을 수 없는 것은 당연한 일이 되었다. 시간적 여유와 업무의 정도에 따라 가정살림이나 육아의 비중이 정해질 뿐이다. 남자라는 이유로 싱크대 앞에 서기를 거부한다면 그는 가족들로부터 배척 아니 퇴출당하고 말 것이다.

미안하다. 해피야!

너를 팔아넘기는 날이었다. 너는 뒷동산에 올라가 슬픈 눈으로 집을 내려다보며 아무리 불러도 내려오질 않았다. 그렇게 팔려가기 싫다는 너를 쇠줄로 묶어 다음날 새 주인에게 넘겼단다. 그것은 진심으로 의도했던 일은 결코 아니었다는 걸 너도 알고는 있을 것이다.

너의 어미 메리는 네가 팔려가던 그해 무더위가 끝나갈 무렵부터 시름시름 앓기 시작했다. 나이도 있지만 사랑하는 딸을 잃은 슬픔이 더 큰 아픔이었을 게 분명했다. 초겨울 어느 날 아침이었다. 그녀가 보이질 않아 큰 소리로 불러보았다. 영 대답이 없더구나. 온 집안을 살펴보았다. 곳간 한 구석 볏 집 위에 모로 누워 잠들어 있는 너의 어미를 발견했다. 싸늘하게 식은 몸으로 말이다. 그 모습이 참으로 편안해 보였다. 집 식구들이 모여 장례를 상의 한 끝에 앞집에 세 들어 사는 귀먹은 할아버지의 도움을 받아 마을에서 좀 떨어진 야산에 매장하기로 하였다. 먹을 것이 너무 없던 시절이라 그 시체를 어찌하는 일이라도 벌어질까 봐 늦은 밤에 매장을 했다. 내가 중학교 학생이었으니 두려움도 컸을 텐데 네 어미의 죽음이 내게는 더욱 큰 슬픔이라 두려움도 잊었었다. 그녀의 시신을 지게에 지고 가는 할아범의 뒤를 따라 깊은 산속으로 들어가 묻히는 것을 확인하고 돌아왔다.

　너를 팔아넘기게 된 것은 너의 잘못도 그 누구의 잘못도 아니었다. 상처가 나서 피를 흘리던 아이의 잘못도 아니었다. 그건 어디까지나 예기치 못한 사고였다. 네가 일 년도 채 안된 강아지였을 때이니까. 그맘때면 너희들은 재롱을 많이 부리지. 무엇이든지 물어뜯고 흔들고 기분이 좋으면 그런 행동을 보이며 애교를 떨기도 한다는 것을 나는 알고 있다. 내 바짓가랑이를 물고 흔들다 나한테 야단맞은 적도 여러 번이었던 거 너도 알고 있잖아. 그런 네가 나는 정말 좋았다. 그날도 너는 사랑채에 사는 아이에게 그런 장난을 걸었는데 아직 어린 그 아이가 그걸 뿌리치는 바람에 네 이빨이 그의 다리에 상처를 내게 한 거였다. 결코 문 것이 아니라 너는 사랑의 몸짓을 한 것이고 그것이 잘못되어 어린아이의 종아리에서 피가 나게 한 것이었다. 그런데 그것이 우리들 비극의 시작이었던 거였다. 누구의 잘못도 아닌데 어른들의 마음속에 내재한 나쁜 감정이 사건을 확대하여 우리의 불행을 만들어 낸 것이었다.

우리 집이 잘살지를 못해 살림에 보태려고 남아도는 사랑채를 세를 놓았는데, 세입자의 입장에서 본 주인에 대한 감정은 좀 좋지 않았던 것 같았다. 어찌 보면 이 또한 우리의 잘못이긴 했다. 그 집 아저씨가 사람을 무는 개와 어떻게 한집에 사느냐며 아침저녁으로 소리소리 지르며 화를 내는 바람에 너를 그냥 집에 둘 수는 없었다. 변명이라고 해도 할 말은 없다.

너희들을 낳고 너의 어미는 평소에 하지 않던 짓거리를 하고 다녔단다. 때로는 어디에서 훔쳐오는지 떡을 물어오기도 하고, 또 때로는 고기를 물어다 너희들을 먹이곤 했지. 젖이 말라붙어 나오지 않을 정도니 어미는 얼마나 배가 고팠을까? 그런데도 그런 음식을 먹지 않고 물고 온 것이란다. 들려오는 비난과 욕설을 어찌 듣지 못하기야 하였겠니? 또 자신의 행동에 대한 부끄러움을 어찌 느끼지 않았겠니. 그러나 그런 것들은 너희들의 생명에 견주어보면 아무것도 아니라고 마음을 굳게 했을 것이야. 모든 것은 너의 어미를 배불리 먹이지 못한 우리에게 잘못이 있는데, 굶주리는 새끼들을 바라보며 목숨을 건 어미의 본성인 사랑이 빚어낸 슬픈 장면이라고나 할까. 물론 너의 형제들을 분양받으려고 보리쌀에 멸치를 넣고 끓여서 한 양동이씩 가져와 너의 육아에 도움을 주는 분도 있었지만 그것으론 먹이가 부족했단다.

형님이 중학교 교사였을 때 같은 고향 선배인 체육선생님과 함께 근무를 한 적이 있었단다. 그분이 기르던 셰퍼드가 새끼를 낳았는데 대여섯 마리를 낳았나보다. 어미의 젖이 모자라 새끼들을 키울 수가 없게 되었다. 할 수 없이 겨우 눈을 뜬 젖먹이 강아지들을 분양을 하게 되었고, 나의 형이 한 마리를 데려온 것이다. 당시에는 귀했던 우유를 사다 먹여 키운 것이 너의 어미였다. 어렵게 키우기는 했지만 너의 어미 메리는 참으로 우리가족에게는 빼놓을 수 없는 사랑스런 한 식구였다. 늘 우리 가족을 기쁘고 즐겁게 해주었으니까. 울타리가 없어도 도둑 걱정을 안 해도 되고 밀주 단속에 걸릴 염려도 없었으니 말이다.

그녀는 어린 내가 외출할 때는 나를 따라다니며 보디가드 노릇을 했단다. 누구라도 내게 해를 끼치는듯하면 포효를 하여 내게 범접을 못하게 했다. 그렇다고 사람을 해하거나 아무에게나 으르렁거리는 일은 절대 하지 않았다. 유독 나를 따랐고, 그녀를 나는 정말 좋아했었다.

너의 어미가 나이가 들어 대를 이을 자식이 필요할 때가 되었다. 너의 형제 중에서 제일 잘 생기고 영특하며 입은 흑갈색 옷이 너무 잘 어울리는 너를 대를 이을 자식으로 택한 것은 우리 가족의 만장일치 의견이었다. 그리고 네가 행복하라고 이름을 해피라고 지었단다. 너의 잘생기고 영특함이 무슨 죄라고 우리는 너를 상속녀로 붙들어 놓고 결국은 불행 속으로 밀어 넣은 꼴이 되고 말았다. 네가 못생겼으면 다른 집으로 입양되어 행복했을 거라는 생각에 내 마음은 시커멓게 멍이 들었단다.

너의 어미가 우리 집에 오기 전에 너의 할아비쯤 되는 베쓰라는 녀석이 우리와 함께 산적이 있었다. 그 녀석도 족보가 있는 셰퍼드였는데 너보다 조금 더 어렸을 적에 분양받았다. 그놈의 본가는 이십여 리쯤 떨어져 있었고 큰 강을 건너야만 갈 수 있는 곳이었다. 분양받은 지 몇 개월 지났을 무렵 그놈이 사라진 것이었다. 당시에는 대부분의 우리나라 사람들이 아주 가끔은 개를 훔쳐다 잡아먹는 미개인이었을 때였다. 불행한 일을 당했을 것으로 상심해 있는데 하루 뒤에 그놈의 본가에서 놈을 데려온 것이다. 본집에 있는 어미가 그리웠는가 보다. 그런 일이 있고부터는 일 년이면 한 두 번씩 그놈은 말도 없이 본가 나들이를 하곤 했단다. 특히 장마철에는 마음이 심란해지는지 어김없이 그 넓은 강을 헤엄쳐 본가를 찾아가 하루 이틀 묵고 돌아오곤 했다.

너를 보내고 무심한 세월이 일 년쯤 지나 나의 기억 속에서 너의 모습이 거의 지워져 갈 무렵이었다. 떠도는 소문에 이십 여리 밖 제월리라는 마을에 들개 한 마리가 출몰한다는 것이었다. 이놈이 얼마나 영리한지 밥솥은 물론 찬장까지 열고 음식을 훔쳐 먹은 후 사라진다는 것이었다. 그러나 그놈이 얼마나 영특하고 **빠른지** 놈을 자세히 본 사람은 아무도 없다는 것이었다. 몇 년을 그리하다 그 들개는 자취를 감추었다고 한다.

그런 소문을 들은 한참 후에 너를 데려간 사람에게서 소식을 전해 들었는데 데려간 지 일 년이 채 안 되어 도둑맞아 잃어버렸다는 것이었다. 나는 추측해보았다. 너를 도둑맞았을 때쯤 해서 제월리 산골마을에는 들개가 나타나기 시작했고 그놈의 영리함으로 보아 그것이 너였을 거라는 생각을 한 것이다. 이런 생각이 들면서 잊고 살았던 너의 모습이 내 마음을 크게 흔들어 놓았단다.

오십 여리 밖으로 그것도 지프차에 실려 갔으니 집으로 돌아오는 길은 알 수 없고 무작정 어미를 찾아 탈출을 했을 것이다.

길을 잃고 헤매다 제월리까지 와서 들개가 되었을 거라고 말이다. 아니 집을 찾아오다 너를 버린 가족들에 대한 깊은 배신을 느꼈는지도 모르겠구나. 그로 인한 불같은 분노와 증오가 너로 하여금 집 찾기를 포기하고 방랑의 노숙자로 만든 것은 아니었을까?

믿고 따랐던 이들의 배반에 연민과 비애를 느껴 속세를 등지고 입산이라도 한 것이라면 더할 나위 없이 바라는 일이지만 말이다.

그 후로는 아무 소식도 듣지 못한 채 이제 나도 이렇게 늙어버렸단다. 늙은 몸으로 타향을 떠돌면서도 뒷동산에서 팔려가지 않겠다며 시위하던 너의 애절한 모습과 젖은 눈망울이 잔영으로 남아 있단다. 그리고 차마 떠나기 싫어 뒤돌아보던 그 슬픈 이별의 장면이 새록새록 아픔으로 피어오른다. 부디 너그러이 이해해 주기를 바란다. 해피야 정말 미안하다.

해방의 산고産苦

「여러 해 동안의 땅 속 수도생활을 마무리할 때가 왔음을 몸으로 느낀다. 뭍으로의 화려한 나들이를 꿈꾸며 터널을 뚫는다. 터널의 끝이 지표 가까이 이름을 알고는 엎드려 밤이 올 때까지 탈피를 위해 힘을 모으며 잠시 휴식을 취한다. 날이 어두워지기 시작하자 마지막 지표를 뚫고 지상으로 올라온다. 굼벵이도 아니고 매미도 아닌 흉측한 몰골과 어색한 동작으로 나무를 찾아 오르기 시작한다. 얼마를 올랐는지 멈추어 숨을 몰아쉬며 그 여린 그러나 날카로운 발톱을 정교하게 나무껍질에 박는다. 기를 모아 탈피를 위한 힘을 비축하기 시작한다. 나무를 움켜쥔 채 힘을 주어 등을 부풀린다. 수십 차례에 걸친 힘주기와 밀어 올리기는 그야말로 사투이다. 드디어 등이 머리 쪽부터 세로로 갈라지기 시작한다. 두세 시간의 산고 끝에 갈라진 틈을 비집고 나와 껍데기를 붙잡고 힘겹게 올라선다. 밖으로 나온 흐릿해 보이는 작은 벌레는 모든 힘이 다 **빠져버**

려 죽은 모양으로 매달려있다. 죽은 것처럼 보였던 매미가 제 모습을 찾는 데는 그 후에도 열 시간 이상이 걸린다고 한다. 열세시간 여가 걸리는 굼벵이가 매미가 되는 과정이다.」

 제 모습을 찾은 매미는 그 무엇에도 비유할 수 없는 모습으로 바뀐다. 섬세하고 정교의 극을 이루는 선과 테 그리고 색과 무늬와 엷은 투명의 막은 그간의 산통을 어디에서도 찾아볼 수 없다. 그러나 안타까운 것은 그 아름다운 신선의 면모도 길어야 한 달밖에는 살 수 없다는 것이다. 그 짧은 기간에 알을 낳아 대를 이어야 한다. 그래서 짝짓기를 위한 구애의 울음소리가 그토록 애절한지도 모른다.

 매미가 무척이나 울어대는 어느 날이었다. 어린 나는 아침을 먹고 매미를 잡아볼 요량으로 우물가 살구나무 주변을 살피고 있었다. 옆집의 아저씨가 행색이 말이 아닌 채로 뛰어 들어왔다. 그리곤 어머니와 무어라고 몇 마디 말을 나눈 뒤 어머니를 따라 방으로 들어가더니 방구석에 걷어놓은 모기장 속에 들어가고 어머니는 모기장을 가지런히 손을 보았다. 한여름이니 방문은 모두 열어둔 상태였다. 채 한 시간도 지나지 않아 젊은 사람들이 몽둥이와 농기구를 들고 몰려들어왔다. 어머니께 누가 들어오지 않았느냐고 물었고 어머니는 아무도 온 사람이 없다고 말했다. 어머니 말을 못 믿겠다는 듯이 그들은 온 집안을 샅샅이 뒤지고 다녔다. 나는 겁에 질려 뒤꼍 앵두나무 그늘에 앉아 떨고 있었다. 모기장 속에 숨은 사람이 눈에 보이는듯했다. 다행히도 젊은이들은 끝내 그를 찾지 못하고 다른 집으로 가버렸다. 방에 숨어 있던 아저씨는 날이 어두워지자 뒷산으로 올라갔다.

1910년 8월 한일합병조약이 체결되어 대한제국은 망하고 일본이 한반도를 강제 점령하게 된다. 1930년대 후반에는 내선일체의 정책으로 이름도 일본식으로 바꾸고, 우리말과 글도 쓰지 못하고 일본말을 써야 했고, 일본인과 조선인의 결혼까지 권장하였다. 우리 민족의 일제 식민지 생활 36년은 매미 애벌레의 지하생활이었다. 모든 농산물과 광산물, 심지어는 놋그릇이나 농기구까지 전쟁 물자 조달을 위한 공출로 거두어가고 국민은 풀뿌리 나무껍질로 겨우 목숨을 지탱하였다. 그러나 2차 세계대전은 결국 연합국의 승리로 끝이 나고 1945년 8월 15일 일본은 항복을 한다. 우리 국민은 36년간의 지하생활을 끝내고 우화羽化 할 수 있었다.

어른들의 이야기를 들어보니 그분은 우리 동네일을 맡아보는 이장이었다고 한다. 해방이 되자 일제의 앞잡이라고 응징하려 했던 것이다. 당시에는 일제의 앞잡이라고 낙인찍혀 사람들의 몰매를 맞아 목숨을 잃거나 후유증으로 평생 폐인이 되어 버린 이들도 꽤 있었던 것으로 들었다.

해방의 잔흔이 채 가시기도 전인 1950년 6월에 북한군의 남침으로 인한 육이오 전쟁이 발발했다. 피난을 가는 사람들로 마을이 온통 어수선한 어느 날이었다. 한 신사분이 찾아왔다. 어머니께 큰절을 하는 것이었다. 나중에 알았지만 그분은 해방되던 그다음 날 우리 집 모기장 속에 숨어 목숨을 구한 이웃집 아저씨임을 알았다. 그날 야반도주를 하여 처갓집에 숨어있다 이천으로 이사를 했고, 장사를 하여 겨우 가정의 안정을 찾았다는 것이었다.

내 고향이 북한군에 점령당한 것은 전쟁 발발 보름 정도가 지난 후였다. 가까이에서 대포소리가 들릴 때쯤 해서 우리 식구 중 아이들은 시골 할머니 댁으로 피난을 갔다. 할머니가 계신 큰아버지 댁에서 삼일 정도 묵었을 즈음이었다. 11시쯤으로 생각된다. 북쪽 정골 마을에서 내려오는 계곡의 좁은 길을 따라 붉은 갈색 군복을 입은 인민군들이 밀려 내려왔다. 그리곤 삼백 년도 더 나이가 든 느티나무 밑에 질서 있게 자리를 잡고 점심식사 준비를 하는 것이었다. 마을은 난리가 났다. 이장은 닭을 잡고 계란을 모으고 하여 그들을 대접하려고 했는데, 지휘관인 것처럼 보이는 한 군인이 나와 고맙다는 말과 함께 먹을 것들은 받지 않고 거두어들인 것들을 모두 돌려주라는 것이었다. 이렇게 해서 나는 한때 인민공화국 인민이었었다.

우리 가족은 읍내로 다시 돌아왔다. 집에 돌아와 보니 건넌방은 조선노동당 군당 위원장이 공습을 피해 방을 빌려 쓰고 있었고, 창고는 지역의 유지와 부자들에게서 빼앗아 온 물건들로 가득 차있었다. 집 뒤 언덕 너머에 있는 향교는 인민군 야전병원으로 쓰이고 있어 심하게 부상당한 병사들이 후송되어오는 모습을 종종 볼 수 있었다. 아랫집 부엌에는 큰 가마솥이 걸리고 환자들을 위한 우유를 끓이곤 했다. 가끔 그곳엘 가면 군복을 입은 미모의 여군이 우유를 나누어주기도 했다. 때로는 여군들이 노래를 가르쳐주기도 했던 기억이 난다.

육이오 전쟁의 결과는 참으로 끔찍한 것이었다. 남북한을 합쳐 사망자 수가 450만 명이라고 하니 단일 국가의 전쟁으론 인류 역사상 그 유래를 찾을 수 없는 참변이라 아니할 수 없을 것이다. 이렇듯 끔찍한 전쟁 속에서 어린 나의 적군에 대한 기억은 상당히 목가적이고 우호적이랄 만한 것이었다. 전쟁을 일으킨 김일성은 잔인무도한 전쟁광임에 틀림없다. 천인공노할 그의 만행을 정당화하고 우상화하려는 세력이 이 나라에도 있는 것 같아 마음이 편치를 않다. 평화 속에서 자란 사람들의 이념은 어린 시절 나의 생각과 유사할 것 같아서 걱정이 된다.

　8.15 해방을 맞았을 때나 육이오 전쟁 때나 일반 주민을 상대로 피바람을 일으키는 사람들은 정규군들이나 경찰들보다는 그들의 하수인들이었다. 독재자들은 자신의 손이 아닌 하수인들의 손을 빌어 악랄한 만행과 피의 숙청을 감행하는 것이 그들 특유의 모습이기 때문이다.

　북한군이 점령한 남한지역에서는 완장을 두른 보위부 앞잡이들에 의한 린치로 불구가 되고 목숨을 잃은 이들이 전쟁 사상자 못지않게 많았던 것으로 밝혀지고 있다. 북한 인민군이 물러나고 우리의 땅을 되찾고 나니 인공시절에 부역을 하였다는 죄목으로 고문도 당하고 경찰서에 끌려가 또다시 보복적인 형벌을 받은 이들도 수 없이 많았다.

　우리는 이렇게 매미처럼 긴 고행과 산고를 겪으며 우화 하여 신이 마련해준 자유와 평화라는 이중 날개로 된 아름다운 옷을 차려입었다. 신선의 옷을 갈아입고 배필을 찾으려고 아름다운 곡조로 노래를 부르고 있다. 화려한 지상 생활을 즐기고 있는 것이다. 그러나 우리가 부르는 노래는 짝을 찾는 수컷 매미의 슬픈 노래가 아닌 밝은 미래를 위한 희망의 찬가이어야 할 것이다.

나의 버킷리스트

　사람들은 대체로 죽음에 대해 듣거나 말하는 것조차 꺼리는 경향이 있다. 죽음과 직면하는 것이 그만큼 싫고 피하고 싶기 때문일 것이다. 그런데 그것을 피할 수 있는 사람은 아무도 없다는 것이 우리가 타고난 슬픔이며 비극인 것이다. 아니 비극이라기보다는 참으로 다행한 일인지도 모른다. 우리가 끝없는 삶을 산다면 이 세상의 모습은 어떠할까? 생각하기조차 끔찍함이 느껴진다. 이같이 유한한 삶 속에서 그 마지막이면서 어차피 맞게 될 죽음을 자신이 미리 준비하는 것은 자신의 생을 뜻깊게 보낼 뿐 아니라 남아 있는 가족들이나 사회에도 꼭 필요한 일이 될 것이다. 이런 생각에서 웰다잉이란 말이 나온 것일 것이다.

　고령화에 따른 노령인구의 증가, 부양의무에 대한 인식의 변화, 그리고 결혼을 기피하는 추세 등으로 혼자 사는 가정이 증가하고 있다. 우리나라 인구의 27%가 혼자 사는 가구라고 한다. 이들 중 40만 명 정도가 소위 지·옥·고라고 불리는 반지하방, 옥탑방, 고시원에서 산다고 한다. 이와 같은 사회의 기형화 현상으로 외롭게 홀로 죽어가는 이들이 늘어나고 있는 것이 현실인 것 같다. 오늘의 사회 환경적 요인들이 죽음마저도 자신이 준비하고 마무리 짓게 만든다고 생각하니 서글픈 마음이 든다. 이제 우리는 스스로가 죽음을 준비하고 맞아드려야 하는 셀프 다잉 시대에 살고 있는 것이다.

요즈음 내가 하고 있는 일 몇 가지도 아주 기본적이긴 해도 그런 죽음의 준비라는 생각을 한다.

나는 평생을 살아오면서 남을 위해서 한 일이 별로 기억으로 남아있는 게 없다. 퇴직을 하고 나니 무언가 남을 위한 일을 해야겠다는 의무감이 나를 압박하는 것이었다. 그래서 찾은 일이 천주교 연령회의 상장 봉사 활동이었다. 죽은 사람의 시신을 잘 씻어드리고 옷을 갈아입히고 관에 넣어 장지까지 모시어 하관까지의 일을 도와드리는 일이다. 상장 봉사를 삼 년 정도 하고 부득이하게 맞벌이하는 큰 아들을 따라 고향을 떠나 손녀들을 돌보는 일을 하며 타향살이를 하고 있다. 타향살이 십여 년을 살다 보니 이제는 죽음을 생각해야 할 나이가 되었다.

우선 나는 묻힐 곳을 생각해보았다. 부모님 산소 끝자락에 만들어 둔 가묘가 있긴 하다. 그러나 요즘 같은 시절에 묘를 만들기보다는 어느 한 곳에 유골을 뿌리는 산골장散骨葬으로 하는 것이 어떨까 생각하고 있다.

오늘은 미루어 오던 매장과 납골장 그리고 산골장을 모두 운영한다는 한 추모공원을 둘러보기로 했다. 처음 가는 길이라 걱정을 했는데 생각보다는 쉽게 염두에 두었던 추모공원을 찾아갔다. 엄청난 규모의 공원묘지였다. 연고가 없는 묘들은 앞으로 수습하여 화장한 후에 추모관에 모실 예정이라고 한다. 내가 머릿속에 그렸던 추모공원의 모습은 아니었다. 내가 죽어서 갈 곳이라 생각이 좀 화려했던 것일까? 아름다운 공원과 죽은 이들을 추모하는 근엄하고 우아한 그런 전당을 그리고 있었으니 말이다.

멀리 타향의 이름 모를 산골에 나의 뼈 가루를 뿌리려던 생각을 접기로 했다. 고향의 선산에 모신 부모님 곁에 묻어달라고 자식들에게 부탁해야겠다. 부모님 산소 끝자락에 만들어둔 나의 가묘에 들기로 한 것이다. 부모님 곁에 머문다고 생각하니 우선 포근함이 느껴진다. 선산 아래로는 내가 어려서 수영하고 물고기를 잡던 아름다운 강이 굽이쳐 흐른다.

마지막으로 건강보험공단을 찾아 연명치료 거부 사전의향서를 작성하였다. 의식도 없고 살아날 가망도 없으면서 생명을 연장한다는 것은 나 자신뿐 아니라 가족들에게도 전혀 도움이 되지 않을 것이기 때문이다.

　아주 가끔 내가 가야 할 곳에 대한 두려움이 엄습해 오기도 한다. 죽음이 아무리 무섭고 공포의 대상일지라도 피할 수 없는 가야만 하는 길이다. 다행인 것은 그런 공포를 잊고 하루하루를 초연히 살아간다는 것이다. 그래도 떠나는 순간의 후회를 줄이기 위해 버킷리스트라도 작성하고 실행해야겠다.

　그리고 가는 날까지 마무리를 잘했으면 좋겠다. 삶을 정리하면서 죽음에 대한 생각도 밝고 아름다운 쪽으로 기울어지기를 바란다. 그래서 두려워하지 않고, 당황하지 않고, 숙연히 감사하는 마음으로 죽음을 받아드리는 내가 되기를 빌어야겠다. "나 하늘로 돌아가리라 새벽빛 와 닿으면 스러지는 이슬 더불어" 어느 시인의 말처럼 그렇게 맑고 아름다운 깨끗한 죽음을 맞이하고 싶다.

※ 옛날에 서양에서는 자살을 할 때 양동이 위에 올라가 목을 매고 발로 양동이(버킷)를 차서 넘어트려 자살을 했다고 한다. 여기서 죽기 전에 해야 할 일과 하고 싶은 일을 적은 목록인 버킷리스트라는 말이 생겼다고 한다.

길 없는 길

오십여 년 전, 분별없이 무모하게 걸었던 길이 있었다.

군 복무를 마치고 씩씩하게 부대 정문을 나섰다. 하늘은 높고 아침 햇살은 눈이 부시게 찬란했다. 현기증이 날 만큼 쏟아지는 햇볕을 얼굴 가득 맞으며 잠시 서 있어야만 했다. 군부대 안과 밖에 이렇게 서로 다른 두 개의 태양이 떠 있는 줄을 미처 몰랐다.

제대를 하고 집에는 왔지만, 막상 어떻게 살아가야 할지 뚜렷한 길이 보이지 않았다. 하루하루가 막막하고 불안한 날들이었다. 몇 달이 빠르게 지나갔다. 새해 아침의 태양이 어둠을 산산이 흩트리며 밝아오고 있었다. 새벽에 창을 열고 내다보니 하얀 눈이 천지를 뒤덮고 있었다. 그날따라 살아갈 길을 찾아야 한다는 중압감이 온몸을 무겁게 짓눌렀다.

군에서 입던 옷으로 갈아입고 군화 끈을 단단히 조였다. 어디로 갈까. 목적지가 떠오르질 않았다. '뜨거운 온천수에 몸을 담그고, 뽀얀 안갯속에 굳어버린 마음을 녹여내 보자.' 산길로 육십 리(24km) 정도의 거리에 있는 수안보 온천이 떠올랐다.

큰길까지 나오니 온통 하얀 눈이 햇빛에 반사되어 현란한 광선이 마구 튕겨 나왔다. 잠시 멍할 뿐 아무 생각이 나지 않았다. 내 머릿속도 눈빛에 녹아들어 하얗게 비워진 모양이었다. 잠시라도 그렇게 모든 것을 잊고 싶었는지도 모른다.

눈 덮인 신작로를 한 시간 반 정도 그냥 걸었다. 명산으로 알려진 주월산 느릅재가 눈앞에 우뚝 솟아 있었다. 차도 사람도 다닌 흔적이 없는 눈길, 구불구불한 고갯길에 군화 발자국을 찍으며 새해 새 아침 첫길을 열어갔다. 고갯마루에 올라 한 굽이를 돌아 내려가자 밑자락에는 눈 속에 묻힌 방곡마을이 아침 연기를 피우고 있었다.

마을을 지나 얼마를 더 걸었을까. 충주로 가는 길이 갈라지고, 한참 만에 장연과 수안보로 가는 길이 갈리는 추점 삼거리에서 수안보 가는 길로 접어들었다. 거기부터는 차도 다닐 수 없는 산길이었다.

바람이 불자 소나무에 소복이 쌓인 눈이 머리 위로 마구 흩뿌렸다. 험한 산을 한 고개 넘으니 만만치 않은 구릉지로 집하나 없는 깊은 산속이었다. 지금은 스키장으로 유명한 수안보 사조마을이다.

인적이 없는 두 번째 고개를 넘으니 수안보 온천마을이 눈에 들어왔다. 밖은 추웠지만 온몸은 땀에 젖었다. 재를 넘고 들을 지나 육십여 리를 걸었으니 힘이 다 빠져 지칠 만도 하건만, 오히려 정신이 번쩍 들었다. 바닥난 기운이 다시 솟아오르고 기분은 상쾌했다. 한걸음에 온천마을로 내려갔다. 한편으론 자신이 신기하고 대견했다. 정상 정복에 성공한 등산가의 기분을 알 것 같았다.

그 후 일 년이 지나서 세평이란 곳에 직장을 잡았다. 추석을 이틀 앞둔 날 마을에서 돼지를 잡았다. 그 시절에는 명절이나 집안에 큰일이 있으면 가정집이나 마을에서 돼지를 잡아서 나누어 먹기도 하고 팔기도 하던 때다.

퇴근 후 집에 가져갈 고기를 서너 근 사놓고는 마을 사람들과 어울려 삶은 내장과 머리고기를 안주로 술을 마시기 시작했다. 먹다 보니 밤은 이슥하고 많이 취하고 말았다. 얼근한 정신에도 부모님의 따뜻한 정이 그리움으로 마음을 흔들었다.

이미 버스도 끊긴 늦은 밤, 하숙집에서 자고 아침 일찍 갈까 하는데 취기란 놈이 나를 꼬드겨 걸어서 가기로 하였다. 지름길인 험한 산길로 걸어서 가면 이십 리 정도쯤 될 것 같았다. 술기운에 가깝고 쉬운 길처럼 느껴졌다.

하숙집에서 출발하여 논길 밭길을 일 킬로미터쯤 지나 산길로 접어들었다. 숨을 헐떡이며 오르막길을 올라 산등성이에 다다르니 술은 취하고 힘이 들어서인지 마구 잠이 쏟아져 더는 걸을 수가 없었다. 도저히 참을 수가 없어서 주변을 살펴보았다. 빼곡한 솔숲 사이에 추석을 맞아 벌초가 잘 된 묘지가 보였다. 묘의 발치 한구석에 누워 돼지고기를 베고 그만 잠이 들었다.

얼마를 잤는지 어째 몸이 춥다 싶어 깨어보니 검은 구름 사이로 달빛이 잠시 얼굴을 내밀었다. 아마 자정은 넘은 듯하였다. 정신없이 한숨은 잤지만 으스스하고 기분이 좋지 않아 취기가 확 달아났다. 서둘러 돼지고기를 집어 들고 잔솔 사이로 난 산길을 허겁지겁 내려가니 등불 꺼진 능촌 마을이 어둠 속에 웅크리고 있었다. 몸은 땀으로 범벅이 되었다.

양지마을과 음지마을을 지나는 동안 조금 안정이 되었다. 작은 고개 하나를 더 넘어서 이무기가 산다는 커다란 물웅덩이가 있는 들판에 이르렀다. 갑자기 짙은 먹구름이 몰려들어 달빛을 가려버리자 사방은 칠흑같이 어두워졌다. 두려움으로 온몸에 소름이 돋았다. 아무리 살펴도 길은 보이지 않고 억새풀이 발길을 막았다. 산길에서 맞닥뜨린 무서움이 스산한 강바람과 함께 내 몸을 휘감았다. 가을바람에 나부끼는 갈대숲의 서걱거림이 혼령의 울부짖음 같아 그만 얼어붙고 말았다. 순간 내가 어둠살에 홀렸다는 느낌이 들었다. 길 찾기를 멈추고 서서 애써 마음을 진정시켰다. 근처에 건너야 할 강江이 있다는 생각이 떠올랐다. 마음을 가라앉히고 나니 강물 흐르는 소리가 들렸다. 길 찾기를 포기하고 물소리 나는 곳으로 발길을 돌렸다. 갈대숲을 헤집고 강을 찾아 내려갔다. 돌부리에 걸려 넘어지기도 하고 발을 헛디뎌 언덕 아래로 구르기도 했다. 갈댓잎에 손과 얼굴을 베이기도 하며 간신히 강가 자갈밭으로 내려갔다.

비명을 지르며 굽이쳐 흐르는 검은 강물이 오히려 반가웠다. 자갈밭을 따라 강의 상류로 올라가 천신만고 끝에 배나무 여울에 이르렀다. 여울 얕은 곳을 찾아 강을 건너서 칠팔백 미터의 언덕길을 한숨에 넘어 집에 도착했다. 술에 취해 겁 없이 걸었던 길이었기에 부모님의 포근함이 더욱 느껴지는 밤이었다.

희수喜壽를 넘고 뒤돌아보니 내가 살아온 길은 오십여 년 전 겁도 없이 걸었던 그 길의 연속이었다. 어둠살에 홀려 길을 잃고 갈대숲을 헤매기도 하고, 때론 눈 덮인 새벽을 열며 험준한 고개도 넘어왔다. 그 길은 두렵고 힘들고 괴로워서 아픈 흉터도 남겼지만, 아름답고 가슴 뭉클한 추억의 옹이가 되기도 했다.

이제 남은 삶에서 어떤 길을 걷게 될까. 그 길 또한 알려지지 않은 길이며 목적지가 분명한 길도 아니다. 물어물어 갈 수 있는 길도 아니요 누군가를 따라갈 수 있는 길도 아니다. 아무리 싫고 힘들고 돌아올 수 없는 길이라 해도 피할 수 있는 길이 아니다. 이 길 없는 나만의 길을 후회 없도록 정성을 다해 걸어가야 한다.

고통 뒤에 가려진
어머니 사랑

　자식을 키우다 보면 아이가 많이 아플 때가 있다. 어머니들은 아기의 아픔을 자신의 아픔보다 더 아픈 고통으로 느끼며 어쩔 줄 몰라하며 밤잠을 자지 못하고 온 정성을 들여 간호를 한다. 얼마쯤 지나면 어머니의 사랑 때문인지 의사의 치료의 덕분인지 아기는 건강을 회복하곤 한다. 이러한 현상은 어머니와 자식 간의 사랑을 시험해보는 것인지, 그들 사이의 깊은 사랑에 대한 악마의 질투인지는 잘 모르겠다. 부모가 되어 자식을 키우다 보면 이런 마음 조이는 일들이 자주 일어난다. 그런데 참으로 신기한 것은 아기가 한번 심하게 앓고 나면 정신적으로 또 육체적으로 훌쩍 자라 있어 부모들을 놀라게 한다는 사실이다. 그 아기의 아픔은 엄마 아빠의 자신에 대한 사랑을 확인해 본 것은 아닐까? 아니 그 보다는 그 아기가 자신의 성장을 위해 겪어야 했던 진통이 아니었나 하는 생각도 든다. 그렇게 아이들은 자라나고 부모는 늙어가는 것인가 보다.

나는 성당을 다니기는 하지만 그리 신심이 두텁지도 못하고 성서의 내용이나 교리에 관해서도 별로 잘 알지 못하는 편이다. 이런 이유 때문에 자그마한 신심이나마 마음속에 담아보기 위해 성체 신심 세미나에 참석하기로 하였다. 성체 신심 세미나 다섯째 날이었나 보다. 오늘의 세미나 주제는 '미사에 대한 해설'이었는데 교재의 내용을 간단 간단히 설명해주었다. 예수님의 본성은 신성과 인성으로 이루어졌기 때문에 예수님은 성자로서뿐 아니라 성모 마리아와도 불가분의 관계에 있다는 말이 기억에 남아있다. 그리고 마지막으로 성체와 성혈을 우리의 죄의 값으로 내어 놓으신 예수님의 수난과 이를 지켜보며 온몸이 녹아내리는 것 같은 아픔을 겪는 성모 마리아를 생각하는 묵상 시간이었다.

'예수님께 매질을 하고 가시관을 씌우고 힘껏 누르니 머리는 온통 선혈이 낭자하게 흘러내린다. 십자가를 지고 갈바리아 산을 오른다. 기운이 소진하여 넘어지고 걸음을 내디디지 못할 때마다 매질을 당하여 살처럼은 묻어나고 입고 있는 옷은 피로 물이 든다. 탕 탕 탕 십자가에 못질하는 소리가 들려온다. 십자가에 매달려 그 길고 긴 여섯 시간, 온몸의 피는 다 흘려내려 대지는 붉게 물든다. 우리의 죄 값을 치르시려고 그는 이토록 처참한 형극의 길을 택한 것이다. 그리고 그는 사람의 아들로서의 삶을 마친다. 예수님의 처

참한 십자가 형벌의 길을 따르며 환호하는 군중들의 광란의 소리가 들리는 듯하다.'

인간이 이토록 잔인할 수 있음을 적나라하게 보여줌이다. 그런 잔악한 피가 한 인간으로서 내 몸에도 흐르고 있을 거라는 생각에 저주와 두려움으로 온몸이 몸서리쳐지는 전율을 느낀다.

이러한 수난의 과정은 지켜보는 이들의 마음까지도 찢어지는 아픔을 주었음에 틀림이 없다. 하물며 이를 지켜보며 어쩔 수 없었던 그 어머니의 마음은 과연 어떠했을까? 우리는 모성애를 하늘이 어머니에게 준 은총의 힘이라고 말한다. 그러기에 그 사랑은 위대하고 자식의 아픔을 자신의 아픔보다 더 아파하고 자식을 지키기 위해 자신의 생명까지도 버릴 수 있는 것이다. 성모님께서는 아들인 예수님의 하는 일이 하느님의 인간에 대한 사랑과 구원의 진리를 실행하는 참으로 옳은 일이라고 굳게 믿었을 거라고는 생각한다. 그러나 한 사람의 어머니로서 이토록 처참함의 극을 이루는 자식의 십자가 수난을 지켜보며 겪어야만 했을 그 아픔과 고통은 어떠했을까?

「예수님의 십자가 곁에는 그분의 어머니와 이모, 클로 파스의 아내 마리아와 마리아 막달레나가 서 있었다. 예수님께서는 당신의 어머니와 그 곁에 선 사랑하는 제자를 보고, 어머니에게 말씀하셨다.

"여인이시여, 이 사람이 어머니의 아들입니다." 이어서 그 제자에게

"이분이 네 어머니시다.(요한복음 19,25)" 하고 말씀하셨다.'」라고 복음서는 적고 있다.

사랑하는 아들이 마지막 숨을 거두며 어머니를 부르고 제자에게 어머니를 부탁하며 죽어가는 비통한 모습을 지켜보는 그 어머니는 창자를 끊어내는 아픔이었으며 그 아픔과 고통은 아들의 십자가 수난의 고통보다 훨씬 더 컸을지도 모른다. 사람들은 희망을 잃고 절망에 빠져버리는 순간이었다. 선과 정의의 패배이며 악과 부정이 승리하는 순간이며, 참된 삶이 저주받고 조롱받는 순간이었다. 참은 사라지고 거짓이 득세하는 순간이었다. 빛이 가려지고 어둠이 드리워지는 순간이었다.

십자가의 수난은 어머니와 아들에게 그토록 엄청난 아픔과 고통을 안겨주지만 아들은 사흗날에 죽은 이들 가운데서 다시 살아난다. 아들은 부활함으로써 우리에게 더 큰 희망과 정의를 그리고 참된 구원의 진리와 영광을 보여준다. 더 큰 영광과 영원한 삶의 희망을 우리에게 게시하여 주기 위해 그토록 엄청난 아픔과 고통 그

리고 죽음에 까지 이르는 십자가 수난이라는 대가를 치러야만 했다는 생각을 한다.

　나는 팔 주간의 성체 신심 세미나를 통하여 나의 신앙이 얼마나 성숙해졌는지 잘 모르겠다. 아직도 안갯속을 거니는 것만 같다. 그러나 나는 바울로가 코린토에 있는 하느님의 교회에 보낸 편지에 쓰인 말을 떠올려 본다.

　"내가 지금은 부분적으로 알지만 그때에는 하느님께서 나를 온전히 아시듯 나도 온전히 알게 되기를(코린토 전서 13,12)" 바라면서 말이다. 그리고 사람의 육신으로는 감당하기 어려운 참형을 스스로 받아들인 그 굳은 믿음과 순종의 의미와 십자가에 못 박혀 돌아가지 않고서는 이룰 수 없는 그 큰 사랑과 하느님이 인간에게 준 은총의 힘인 모성애를 생각해본다.

행복의 문

성경에 이런 이야기가 있다.

「남편이 빚을 지고 죽은 한 과부가 선지자 엘리사를 찾아가 살기가 어려우니 도와달라고 부탁을 한다. 엘리사가 집에 무엇이 있느냐고 물어보니, 그 여인은 기름 한 병밖에 없다고 대답한다. 엘리사는 여인에게 밖에 나가 이웃사람에게서 빈 그릇을 되도록 많이 빌려다가, 두 아들을 데리고 방으로 들어가 방문을 잠그고 한 병 남은 기름을 빌려온 그릇에 부으라고 한다. 과부는 엘리사가 시키는 대로 빌려온 그릇마다 기름을 채웠다. 빌려온 그릇을 다 채울 만큼 기름이 계속해서 나왔다. 더 채울 그릇이 없자 기름병에서는 기름이 나오지 않았다. 선지자 엘리사는 그 기름을 팔아서 빚을 갚고 남은 것으로 아들과 함께 살아가라고 말했다.」(2열왕 4. 1-7)

하늘이 내리는 은총과 축복은 쏟아져 나오는 기름과 같은 것이다. 기름 한 병이 재산의 전부라면 참으로 초라한 재산이며 가난하기 그지없는 살림이다. 그러나 그 작은 소유가 행복이 될 수 있다. 마음먹기에 따라 부자도 될 수 있고 가난으로 절망의 나락에 떨어져 허우적거릴 수도 있다. 우리가 어떻게 준비하느냐에 달려있는 것이다. 큰 믿음으로 하늘이 내려줄 선물을 받을 수 있도록 항상 마음속에 빈 그릇을 많이 준비하고 있으면 축복과 행운을 받을 수 있는 것이다.

우리 마음속에는 필요 없는 허황된 욕심이 가득 차있어 빈자리 빈틈이 없다. 피와 땀을 흘리는 노력을 기울이지 않고 부귀영화만을 쫓는 탐욕은 악행으로 이어져 결국은 파멸에 이르게 될 것이다. 하늘이 우리에게 은총과 축복을 내려주려고 해도 받아서 드려놓을 빈자리가 없다. 우선 탐욕을 몰아내고 마음을 비워야 한다. 빈자리 빈 그릇이 있어야 은총과 축복을 받을 수 있다. 비어있는 만큼만 복을 담을 수 있는 것이다. 마음이 비어있지 않고 빈 그릇이 없으면 복을 받을 수 없다는 진리를 우리는 깨달아야 할 것이다. 가난한 자가 행복하고 몸이 불편하면서도 감사하며 살아가는 이유가 바로 여기에 있는 것이다.

부자가 행복하지 못한 것은 더 갖지 못해서이다. 그는 아무리 많이 가져도 행복할 줄을 모른다. 높은 자리에 앉아있는 사람이 행복하지 못한 이유는 더 높이 오르지 못해서이다. 그는 아무리 높이 올라도 행복할 수가 없다. 행복은 많이 가지는 데 있지 않고 높은 지위에 있지도 않다. 자신의 소유에 감사하고 내 몫을 줄일 때, 자신의 지위에 만족하고 겸손할 때 행복은 찾아오는 것이다.

어렸을 때이다. 우리 마을에 사는 분들은 대부분 부지런한 농부들이었다. 그중에서도 칠성 아저씨는 특별히 부지런했다. 아침이면 밝기도 전에 들로 나가서 별을 보고 집으로 돌아왔다. 그분의 논과 밭에는 풀 한 포기 나올 새가 없이 매어주고, 논둑과 밭둑은 풀이 자랄 새가 없이 깎아주었다. 주인의 사랑을 받아서 인지 농작물들은 싱싱하게 자랐다. 논과 밭이라기보다 잘 가꾸어진 정원이라고 할 정도였다. 가을이면 푸짐한 수확을 안겨주어 매년 농토를 늘리어 마을에서는 부농이란 소리를 들었다. 해마다 논과 밭을 사들이면서 느끼는 행복감이 얼마나 컸을지 겪어보지 않았어도 알만하다.

삼사십 년 전에는 여자들 사이에 계라는 것이 유행한 때가 있었다. 아내는 어려운 살림에 줄이고 아껴 매달 곗돈을 부었다. 이 년 후에 얼마 안 되지만 목돈을 탔다. 그때 아내는 얼마나 행복했을까? 나도 덩달아 즐거웠으니까. 아픔을 참고 쥐어짜서 얻은 목돈인 그 돈으로 아내는 내 손가락에 서 돈 짜리 금반지를 끼워 주었다. 사랑하는 사람에게 금반지를 끼워주겠다는 마음에 아내는 아끼느라 겪는 어려움과 고통을 기쁨으로 여기고 감사했을 것이다. 반지를 선물 받은 나보다 아내가 더 행복해 보였다. 나는 눈시울이 촉촉이 젖는 감동과 행복을 느꼈다.

행복이라는 것은 그냥 얻어지는 것이 아니다. 노력과 정성 그리고 아픔까지도 쏟아부어서 얻어진 행복이라야 그 누리는 기쁨도 가슴을 울리고 감사의 마음도 생기는 것이라고 본다. 땀과 정성을 쏟지 않고 얻어진 소득에 대해서는 즐거움도 느껴지지 않고 감사의 마음도 생기지 않는다. 그렇게 해서 일구어진 부는 허망하게 날라 가게 마련이다. 들리는 말에 의하면 복권을 타서 큰돈을 번 사람은 대부분 순탄치 못한 삶을 살아간다고 한다. 사람은 어떤 일을 하던지 그 일을 할 수 있다는데 감사하고, 그 일에 땀을 흘리고 정성을 쏟아부으면 행복은 자연히 따라오는 것이라고 믿는다.

'화나 복은 문이 없고禍福無門, 오직 사람이 불러들이는 것唯人所召'이라는 말이 있다. 즉 '행복과 불행은 들어오는 문이 따로 있는 것이 아니라 자신이 불러들이는 데 따르는 것'이라는 말이다. 스스로 악한 일을 하면 그것은 화를 불러들이는 것이고, 착한 일을 하면 그것이 복을 불러들이는 것이라는 말이다.

　우리는 가끔 복은 타고난다고 말을 한다. 그런데 잘 살펴보면 행복과 불행은 타고나는 것이 아니라 스스로 일구어가는 것이 맞는 것 같다. 행복해지려고 마음먹은 만큼 행복해질 수 있기 때문이다. 물론 탐욕으로 양심이 가리어져 자신이 행하는 일이 악한 일인지 선한 일인지 분간을 못하는 참으로 딱하고 가엽기 그지없는 불구자도 있는 것 같다. 대부분의 건강한 사람들은 행복해지고 싶으면 행복의 문을 열어놓고, 불행해지고 싶으면 불행의 문을 열어놓으면 되는 것이다. 어느 쪽 문을 열든지 결정권은 전적으로 자기 자신에게 있는 것이다.

자연인으로 살고 싶다

　나는 자연인이라는 TV프로를 자주 보는 편이다. 내가 성인이 되도록 자란 곳이 두메산골이라 산과 내가 그리워서일 것이다. 그러나 향수 때문만은 아닌 것 같다. 많은 사람들이 모여 사는 도시보다는 우거진 산과 골짜기에 흐르는 맑은 물이 내 몸과 마음을 더 편하고 따뜻하게 해 주기 때문이다. 깊은 산골에 몸을 담그면 온몸이 허물어져 그들 속에 동화되어버리는 느낌이 든다. 그 안에 있는 나무와 바위 그리고 이름 모를 풀과 폭신한 흙 속에 녹아들어 내가 전혀 느껴지지 않는 경지에 빠져드는 것이다.

　노인복지관에서 강의를 듣고 돌아올 때 가끔은 계양천 산책로를 따라 걷기도 한다. 버드나무와 벚나무 정도가 개울가를 장식하고, 흐르는 냇물이 흐리고 탁하긴 해도 거기엔 갈대가 있고 징검다리가 있어서 좋다. 내가 너무 시골스러워서인지 그곳을 걷기만 해도 마음이 차분히 가라앉는 느낌이다.

　때로는 TV프로 자연인의 생활이 너무 문화적이어서 당황스러울 때가 있다. 호화 주택에 화려하게 꾸며진 정원이며 과수원 그리고 가축의 사육장들이 어찌 보면 자연스럽지 않기 때문이다. 전기도 수도시설도 없이 호롱불에 계곡물을 마시며 사는 자연인에 더 호감이 가는 이유는 무엇일까? 머리를 앞으로 숙이면 높이 솟은 앞산에 머리를 부딪칠 것만 같은 산골 중의 산골 텃골基谷에서 나는 살았다. 그 산골 야트막한 초가집이 참으로 포근했던 기억이 난다.

　가을이면 탈곡한 볏짚으로 이엉을 엮어 지붕을 이고 처마 밑을 낫으로 말끔히 다듬어주면 더없이 단정하고 곱게 보였다. 그 모습은 설을 맞아 땟국물이 졸졸 흐르는 무명 치마저고리를 벗어버리고 노랑 저고리에 연분홍치마로 갈아입고 세배를 드리는 새색시처럼 다소곳했다. 추운 겨울 해가 기울고 어둠이 찾아들 때 저녁을 짓고 군불을 지피면 타고 남은 이글거리는 불덩어리를 재와 함께 질화로에 담아 토담집 작은방에 들여놓는다. 온 가족이 화롯가에 둘러앉아 불을 쪼이며 두런두런 이야기를 나누던 포근하고 정겨웠던 모습이 눈에 선하다. 저녁에 등잔불을 밝히고 책이라도 몇 줄 읽는 날이면 콧구멍은 까맣게 그을렸다. 어찌 보면 참으로 불편하기 그지없는 척박한 생활인데 그리움으로 밀려오는 까닭은 무엇일까? 그 시절 살을 맞대고 잠을 자던 부모와 형제자매가 가슴 시리도록 보고 싶다.

겨울이면 나무를 하러 산을 오를 때가 있었다. 낮은 산에는 땔감을 구하기가 힘이 들어 높은 산 먼 산을 찾아야 했다. 하루 종일 헤매어 겨우 까치집만 한 나무 한 짐 해오기가 힘들었다. 어설픈 나무꾼이 나무를 한 짐 해서 짊어지고 산비탈을 내려오다 뒤로 넘어지기라도 하면 나뭇짐을 다시 지게에 짊어야 했다. 그것처럼 짜증스러운 일은 없었다. 그래도 한 짐 져다 부엌에 부리고 나면 그렇게 행복할 수 없었다. 자연이 주는 행복의 따뜻함은 물질이나 문명이 주는 행복에 비할 수 없을 것이다. 아침에 일어나 졸졸 흐르는 앞 도랑에 나가 세수를 하고 소금으로 양치질을 하면 몸과 마음이 모두 맑고 상쾌했다.

제대를 하고 얼마 동안 집에 머무르면서 나는 뒷산 밑자락의 얼마간을 파 일구어 고구마를 심은 적이 있었다. 몸을 닦달하여 답답한 마음을 가라앉히려고 벌린 일이었다. 며칠을 파 일군 것이 겨우 손바닥만 했다. 개간을 하여 농지를 만든다는 것이 그렇게 힘든 일인 줄 몰랐다.

나이가 들고 보니 콘크리트 벽과 유리창으로 지어진 아파트라는 건물에 사는 것이 지극히 편리하면서도 마음속 한구석이 개운치 않게 느껴지는 것은 나이 탓일까? 인공의 성城이 아닌 자연이 그리워진다. 나무를 해서 군불을 지피고, 냇가에서 피라미를 몰고 다슬기를 주우며 살던 그때가 그립다.

요즈음 근처의 야산을 찾아 산책을 하다 보면 쓰러진 나무들이 뒹굴고 있다. 쪼개서 아궁이에 넣고 군불을 지피고 싶은 충동이 일곤 한다.

자연의 품에 안기면 혼자서도 그지없이 흐뭇하다. 겨울철에는 산과 들을 다니며 새도 잡고 토끼몰이도 하고, 여름이면 강이나 호수를 찾아 낚시와 물놀이를 즐겼다. 혼자서 즐기다 보면 어려움을 겪을 때도 종종 있긴 했다.

어느 토요일 오후였다. 나는 낚시 가방을 메고 삼십 여리는 족히 되는 항골 저수지로 낚시를 갔다. 버스를 타고 저수지에서 오백 미터쯤 되는 곳에서 내려서 걸어 올라갔다. 인근에 마을이 있긴 해도 저수지 쪽으로는 인적이라고는 없었다. 어두워지기 전에 낚시 대를 설치하고 야간 낚시를 하려고 간드레 불(카바이드의 가스로 밝히는 등불)을 켜고 미끼로 쓸 떡밥을 갰다. 주변에 낚시꾼이라고는 보이질 않았다. 날은 어두워지는데 바람이 점점 세차게 불기 시작하면서 검은 구름이 몰려들었다. 오래지 않아 비까지 내리기 시작했다. 참으로 난감했다. 비만 온다면 그런대로 낚시를 해보겠는데 바람까지 세게 불어 낚싯대가 날라 갈 정도였다. 할 수없이 나는 주섬주섬 낚싯대와 짐을 거두어 넣고 가방을 메었다. 하늘은 온통 검은 구름이 덮여 칠흑같이 어두웠다. 비가 좀처럼 그칠 기미가 보이질 않아 걸어서 돌아가기로 했다. 다행인 것은 돌아가는 길이 신작로 길이었다. 칠성 면소재지를 지나 칠성 다리를 건널 때까지는 비록 비에 흠뻑 젖었어도 30대의 젊은 기운으로 걸을 만했다. 거기부터는 무인지경의 산길이었다. 머리카락은 하늘로 치솟고 몸은 싸늘하게 식어 소름이 돋을 때가 여러 번이었다. 비가 쏟아지는 칠흑같이 어두운 밤에 산길을 걷는다는 것이 얼마나 힘들고 어려운 걸음인가를 처절히 깨달았다.

왜 그렇게 힘든 낚시질을 했을까? 지금 생각해보니 사람들과 어울려 사는 세상을 잠시 벗어나고 싶어서였을 것이다. 지금도 순수하지 못하고 거짓과 허세, 독선과 아집이 난무하는 세상을 살다 보면 벗어났으면 하는 마음이 들 때가 있다. 자연인의 삶이 보기보다는 힘들고 외롭고 어려운 삶이라는 것을 알면서도 때로는 그런 삶이 그리워진다. 살고 있는 현실에 충실하지 못하고 사랑과 헌신을 모르는 이기적인 생활태도 때문이라는 생각도 든다.

| 초판 인쇄 | 2020년 11월 26일 |
| 초판 발행 | 2020년 12월 3일 |

지은이 김 규
발행인 임수홍
디자인 맹신형
기 획 김종대

발행처 한국문학신문
주 소 서울 강동구 양재대로 114길 32 2층
전 화 02-476-2757~8   FAX 02-475-2759
카 페 http://cafe.daum.net/lsh19577
홈페이지 http://www.korea-news.kr/
E-mail kbmh11@hanmail.net

값 13,000 원

ISBN 979-11-90703-23-9

· 저자와의 협약에 의해 인지는 생략합니다.
· 이 책의 글은 저작권법에 따라 보호를 받는 저작물이므로 저자와 출판사의 동의 없이는 무단 전재 및 무단 복제를 금합니다.

· 잘못된 책은 바꾸어드립니다.

이 도서의 국립중앙도서관 출판예정도서목록(CIP)은 서지정보유통지원시스템 홈페이지(http://seoji.nl.go.kr)와 국가자료종합목록 구축시스템(http://kolis-net.nl.go.kr)에서 이용하실 수 있습니다. (CIP제어번호 : CIP2020049995)